어쩌다 가족이 되어

어쩌다
가족이 되어

글 김홍용·전지현

동행

대부분의 아이들은 '엄마' 하고 부르면 따뜻한 눈길을 마주칠 수 있고 손을 내밀면 포근하게 잡아주는 사랑 속에 자란다.

하지만 누군가는 엄마의 눈길을 만나고파 몇 날 며칠 꿈을 꾸어도 보이지 않을 때가 많고 따뜻한 손길을 느끼기 위해 '어쩌다 엄마'의 손이라도 꼬옥 잡고 지그시 입술을 깨물며 눈시울이 붉어지는 아이들도 있다.

이 책은 그 아이들에 관한 이야기다.

엄마는 오직 하나뿐이지만, 아동양육시설에서 자라며 많은 '어쩌다 엄마'들을 만나 사랑을 나누고 다시 헤어지기를 반복하는 아이들.

사회복지사의 길을 선택하고 아동양육시설에 들어와 어쩌다 많은 아이들의 엄마가 되어, 엄마보다 더 엄마 같은 사랑을 주고자 노력하는 사람들.

어쩌다 가족이 되었지만 혈연으로 맺어진 가족보다 더 진하게 서로를 의지하고 위로하면서 그 속에서 피어나는 사랑 이야기를 담으려고 노력했다.

70여 명이 '어쩌다 가족'이 되어 살아가는 평범한 일상과 열여덟에 어른이 되어 사회에 잘 적응한 이야기는 물론 홀로 내쳐진 냉혹한 현실을 버티지 못하고 결국 극단적인 선택을 한 이야기도 눈물과 함께 그대로 그렸다.

또한 장애가 있거나 학대에 노출된 아이들을 위한 어쩌다 엄마들의 헌신적인 노력도 담았다.

4부에는 아이들의 진심이 묻어 있는 편지와 시들을 그대로 실었다. 아이들의 순진한 마음이 하늘을 울리고 땅으로 퍼졌으면 하는 마음이다.

이 책에 나오는 삼혜원은 전남 여수시에 있는 아동양육시설이다. 40여 명의 아이들과 30여 명의 직원들이 함께 먹고 자면서 '아이들의 행복한 삶터, 직원들의 즐거운 일터'라는 비전으로 행복하게 생활하고 있다.

이 책으로 아동양육시설에서 어쩌다 가족이 되어 살아가는 사람들에 대한 많은 사람들의 올바른 관심과 이해를 구할 수 있다면 좋겠다.

핏줄보다 더 진한 인연을 사랑으로 만들어가는 어쩌다 가족의 이야기에 초대한다.

2023. 8.

김홍용

♣이해를 돕습니다.
이 책에 나오는 이름은 모두 가명이지만 아동양육시설 삼혜원에서 만나 어쩌다 가족이 되어 웃고 울고 서로 의지하며 살아가고 있는 실제 인물들입니다.

목차

1부

시끌벅적

어쩌다 엄마

"엄마, 엄마는 이름이 뭐예요?"

"엄마라고? 난 엄마 아닌데? 선생님이야."

"에이~ 삼혜원에서는 선생님을 엄마라고 불러요. 지성 엄마! 선희 엄마! 이렇게요."

"맞아요. 저도 집에 엄마가 있지만 삼혜원에 엄마가 또 있어요."

'왜 나를 엄마라고 부르지?'

한 번도 들어 보지 못하고 생각해 본 적도 없는 엄마라는 호칭에 아직 결혼도 하지 않은 직원은 당황스럽고 너무나 어색했다.

엄마는 오직 한 사람이다. 아니면 엄마라는 호칭 앞에

아이의 이름을 붙여 부르기 마련이다.

삼혜원에서 생활하는 많은 아이들은 오직 한 사람의 엄마를 가슴속 깊은 곳에 묻어둔 채, 매일 만나고 부대끼며 생활하는 사회복지사들을 엄마나 아빠로 생각하며 산다.

나이가 어릴수록 사회복지사들을 '엄마, 아빠'라고 부른다. 아이들이 성장하면서 호칭은 '선생님'으로 조금씩 바뀌는데 그 시기는 아이들마다 차이가 있다.

이렇게 삼혜원 직원들은 어쩌다 엄마, 아빠가 되어 어쩌다 가족을 이루며 살고 있다.

2023년 봄.

올해도 어김없이 푸르름 가득한 새 학기가 돌아왔다.

매년 3월이 되면 어쩌다 엄마는 아이들의 보호자로서 새로운 담임교사를 만나는 것에 떨리고 긴장하게 된다.

'시설에서 생활하는 아이라고 선입견을 가지고 계시지는 않을까?'

'필요 이상으로 안쓰럽게 생각하시지는 않을까?'

어쩌다 엄마들은 일반가정에서는 하지도 않을 걱정을 하면서 아이들의 학교를 찾는다.

오늘은 초등학교에 다니는 아이들의 담임교사와 상담을 하기로 한 날. 코로나로 비대면일 때가 좋았는데 이제는 학교를 가야 한다. 어쩌다 엄마는 새로 산 정장에 어색한 구두를 신고 거울 앞에서 몇 번을 확인한 뒤 학교를 방문한다.

5학년에 다니고 있는 민호와 경원이가 공교롭게도 같은 반이 되었다. 같은 학년에 다른 반일 때는 교실을 이리저리 왔다 갔다 했지만, 올해는 한 교실만 가면 되니까 편하겠다는 생각이 들었다.

하지만 장난꾸러기 민호와 모범생 경원이의 성향이 너무 달라서 상담 내용이 어떻게 전개될지 긴장이 되었다.

"선생님, 안녕하세요. 경원이 엄마예요."

"안녕하세요, 어머님. 어머님이라고 불러도 되나요?"

"네, 선생님, 괜찮습니다."

"우리 경원이는 정말 잘하고 있어요. 공부도 잘하는 모범생이고, 친구들이랑 잘 지내는 것 같고. 경원이는 잘 키우시면 좋은 재목이 될 것 같아요."

"감사합니다. 경원이가 삼혜원에서도 잘하고 있는데 학교에서도 잘 지내나 봐요. 잘 봐주셔서 감사하고, 잘 부탁드리겠습니다."

"별말씀을요. 아이가 예쁘게 행동하면 저희는 그냥 예쁘게 보여요."

"감사합니다."

경원이 엄마로서 상담이 끝난 후, "휴~" 하고 짧은 한숨이 나왔다. 담임선생님이 민호의 서류를 찾는 동안 어쩌다 엄마는 창밖을 내다보며 심호흡을 해보지만 아무래도 긴장이 가시질 않는다.

잠깐이지만 민호의 서류를 보면서 스치듯 지나가는 선생님의 표정이 신경 쓰일 수밖에 없다. 경원이 엄마에서 민호 엄마로 변신한 어쩌다 엄마는 심호흡을 크게 하며 말한다.

"이제 민호 엄마예요."

"아, 민호는 삼혜원 내 생활이 어때요?"

"민호가 장난기도 많고 조금 욱하기도 하고⋯⋯. 이런 모습들이 있어서 주의를 주기도 하고, 마음을 알아주려고 노력하고 있어요."

경원 엄마 때와는 다르게 민호 엄마는 왠지 모르게 잔뜩 기가 죽어 말도 잘 나오지 않고 더듬거리기까지 한다.

"학교에서도 마찬가지예요. 친구들이랑 잘 지내다가도 갑자기 욱해서 자주 싸우네요."

"죄송합니다. 잘 돌본다고 돌보고 있는데……."

"당연히 그러실 테죠. 민호도 잘할 수 있을 것 같은데 친구들이랑 장난도 많이 치고 수업 시간에 집중하는 것도 어려워합니다. 지금은 괜찮지만 학년이 올라갈수록 더 심해질 수 있으니 지금 잘 잡아주시면 좋을 것 같습니다."

"네, 알겠습니다. 민호를 조금 더 세심하게 보겠습니다. 우리 민호를 챙겨주셔서 감사합니다. 그럼 경원이와 민호 잘 부탁드리겠습니다."

인사를 마친 어쩌다 엄마는 유치원에 들르고 중학교, 고등학교까지 순례를 마치며 신학기의 시작을 실감한다.

삼혜원의 어쩌다 엄마들은 사람을 좋아해 사회복지사가 되었고, 그중에서도 아이들을 좋아해 아동복지 분야를 선택해 삼혜원에 들어온 사람들이다. 20대 풋풋할 때 삼혜원에 들어와 처음 어쩌다 엄마 행세를 할 때만 해도 모든 것이 낯설고 어설프기만 했었는데 20여 년 세월이

홀쩍 지나 어느덧 오십을 바라보는 나이가 된 직원도 있다.

어쩌다 엄마이기는 하지만 결혼도 하지 않았고 아이를 낳아본 적도 없는 가짜 엄마일 수도 있다. 하지만 매년 아이들에게 새로운 엄마, 멋진 엄마가 되기 위해 많은 노력과 공부를 했고 이제는 실제 엄마만큼 혹은 그 이상으로 엄마 역할을 잘한다고 믿으며 살고 있다.

어버이날과 스승의 날이 있는 5월은 어쩌다 엄마들이 살아가는 이유와 보람을 가장 많이 느끼는 달이다.

"엄마, 저를 잘 키워주셔서 고맙습니다."

아직은 삐뚤빼뚤한 솜씨로 글을 쓰고 그림을 그린 초등학생 성민이의 편지.

"선생님 고맙습니다. 사랑합니다."

서툴지만 진심을 표현한 고등학생 보람이의 편지를 받을 때는 마음 깊은 곳에서 울림이 올라와 눈시울을 적신다.

어쩌다 엄마가 되었고 어쩌다 이루어진 가족이지만

"고맙습니다"라고 말하지 않아도,

"사랑합니다"라고 글로 쓰지 않아도,

서로에게 스며든 사랑으로 서로를 감싸며 살아가는 우리.

아이들과 함께 하기에 즐거운 어쩌다 엄마는, 아이들과 함께 하기에 행복한 어쩌다 아빠는, 매일매일이 새롭고 즐거우며 행복하다.

※전국에는 260곳의 아동양육시설이 있으며 11,000여 명의 아이들과 7,500여 명의 어쩌다 엄마와 아빠들이 어쩌다 가족이 되어 즐겁고 행복하게 생활하고 있다.

시끌벅적

"애들아~ 일어나자."

"학교 가야지. 일어나."

"아현아~ 제~발 일어나라."

삼혜원 생활방은 총 6채로 한 집당 4개의 방과 3개의 화장실, 주방과 거실이 있는 40평대 아파트의 구조로 이루어져 있다. 한 집에는 7~8명 내외의 아이들과 4명의 직원이 어쩌다 가족이 되어 생활하고 있다.

8명의 아이들을 깨우기 위해 아침마다 전쟁 아닌 전쟁을 벌이는 어쩌다 엄마들. 아현이가 일어났나 싶어 다른 아이를 깨우고 오면 다시 쿨쿨거리며 잠들어 있는 아현이. 이런 아현이를 깨우려는 엄마들과 조금이라도 더 자보려는 아이들로 삼혜원의 아침은 늘 시끌벅적하다.

아이들이 다 일어나서 방 정리를 하고 학교 갈 준비를 하는 동안 어쩌다 엄마는 아침 식사를 준비한다. 아침 식사는 아이들이 편하게 먹을 수 있는 누룽지와 시리얼, 한식 중에 선택해서 먹을 수 있다.

오늘 아침은 한식으로 당첨!

밥은 어젯밤 자기 전에 예약해 두었더니 거의 다 되었고, 어제 저녁 삼혜원 식당에서 받아 냉장고에 넣어둔 국을 꺼내 데우고, 반찬은 접시에 예쁘게 담아서 준비한다.

오늘 아침은 구수한 된장국에 아이들이 좋아하는 계란 말이와 떡갈비, 나물 두 종류 그리고 김이다.

예전에는 식사 시간을 알리는 종소리를 듣고 식당에 모여 식사를 했었다. 지금은 아이들의 활동이 다양해지면서 같이 모여 식사를 할 수 없어 식당에서 국과 반찬을 조리해 주면 생활방에서 밥을 해 식사를 하는 방식으로 바뀌었다.

　세수하고 나온 예진이가 반찬이 담긴 접시를 상에 놓는다. 어느새 현미도 와서 수저를 놓고 있다.

　"아이고, 엄마가 해도 되는데… 도와줘서 고마워….”

　아이들이 먹을 만큼 밥과 국을 그릇에 담고 있으면 어느새 씻고 나온 아현이가 그릇들을 상으로 나른다.

시연이는 갑자기 밥이 먹기 싫다며 시리얼을 그릇에 담고 있다.

이렇게 아침상이 다 차려지면 아이들이 하나둘씩 식탁에 앉는다.

"오늘은 내가 엄마 옆에 앉을 거야!"

수민이가 밥그릇을 들고 자리를 옮기려고 하자

"너는 맨날 엄마 옆에 앉잖아. 오늘은 내가 앉을 거야."

지원이도 지지 않고 엄마 옆으로 다가온다.

"야, 선생님 옆에서 둘 다 떨어져!"

아현이가 식탁에 앉으면서 동생들에게 핀잔을 주지만 아이들의 자리 다툼은 계속된다. 엄마에 대한 그리움을 어쩌다 엄마 옆자리에 앉는 것으로 달래는 아이들이다.

식사가 끝나면 양치를 하고 어젯밤에 골라 둔 옷을 입고 등교 준비를 한다. 아이들 스스로 준비를 하지만 옷은 잘 챙겨 입었는지, 얼굴에 로션은 발랐는지, 가방에 준비물은 다 있는지, 8명의 아이를 꼼꼼히 챙기는 것은 매일 아침 어쩌다 엄마가 해야 할 일이다.

"학교 다녀오겠습니다."
"잘 다녀와. 선생님 말씀 잘 듣고, 친구들이랑 사이좋게 지내고."
"다녀오겠습니다."
"잘 다녀와."
이렇게 여덟 번의 인사를 나누면 시끌벅적하던 삼혜원이 비로소 조용해진다.

아침까지는 시끌벅적한 아이들의 삼혜원이었다면 이제는 조용하지만 분주한 엄마들의 삼혜원이다. 산더미처럼 쌓인 9명의 그릇들을 씻어서 소독기에 넣고 주방을 정리한다. 각 방을 다니며 아이들이 내놓은 빨래를 수거해서 종류별로 세탁기에 넣고 돌린다. 세탁기 돌아가는 소리를 교향곡 삼아 화장실 세 곳을 청소한다. 다시

각 방을 다니면서 이불을 정리하고 아이들 옷장 점검을 마칠 때쯤 세탁기 소리가 조용해진다.

8명의 아이들이 함께 살다 보니 빨래 양이 워낙 많아 건조기를 주로 사용하지만 날이 좋을 때는 햇볕이 잘 드는 베란다에서 말린다.

어느 정도 집안 정리가 끝나면 컴퓨터 앞에 앉아 생활 일지를 쓰기 시작한다.

어제 출근해서부터 오늘 아침까지 일어난 사항들을 정리하다 보면 오늘의 어쩌다 엄마가 출근한다.

두 어쩌다 엄마는 어제 있었던 일과 오늘 해야 할 일에 대한 이야기를 나눈다. 아이들에 대한 시시콜콜한 이야기까지 하다 보면 업무 인수인계가 마무리된다.

오후 1시. 어제의 어쩌다 엄마는 퇴근하고 오늘의 어쩌다 엄마가 학교에서 돌아오는 아이들을 맞이한다.

민정이가 씩씩거리면서 생활방으로 들어온다.

"엄마, 저 앞으로 수민이 안 챙길 거예요!"

수민이도 화가 났는지 엄마를 보자마자 운다.

"엄마, 나도 민정이 언니랑 같이 안 올래요."

"왜? 민정이랑 수민이 같이 잘 다녔잖아."

"수민이가 길에서 위험하게 뛰어다니고, 내가 잡으려고 해도 도망가 버리고…. 데리고 오느라 힘들었어요."

"아니, 언니는 왜 문구점도 못 가게 하고 잔소리를 하는지…. 엄마, 나 민정이 언니랑 같이 안 다닐래요."

"수민아, 오늘은 수민이가 잘못한 거 같은데? 민정 언니 말이 맞아. 찻길에서 뛰어다니면 위험하잖아."

"치, 엄마도 민정이 언니 편이네. 나 우리 엄마한테 갈 거야. 삼혜원 엄마 필요 없어!"

엄마는 당연히 자신의 편일 줄 알았던 수민이는 엄마가 민정 언니 편을 드는 것이 서운한지 '으앙' 하고 울어 버린다.

방임으로 입소한 수민이는 집에서 살 때보다 삼혜원에서 사는 것이 더 좋다고 하면서도 자신이 원하는 대로 되지 않을 때는 이런 말을 서슴지 않고 한다.

어쩌다 엄마는 이럴 때 어떻게 해야 할지 난감하다.

"수민아, 오늘은 수민이가 잘못했어. 수민이가 차도에서 위험하게 뛰어다니다가 다치면 어쩌나 걱정이 돼서 언니가 그렇게 한 거야. 수민이도 잘 생각해봐."

수민이와 이야기하는 사이 민정이는 친동생 민혜가 있는 방에 놀러 갔다가 민혜와 싸움이 났다.

이렇게 매일 싸우면서 자라는 것이 아이들인가 보다.

아이들이 학교에서 돌아오면 어쩌다 엄마는 안내장과 알림장을 확인하고 숙제와 준비물을 챙긴다. 동시에 저녁 식사 준비를 한다.

어쩌다 엄마의 옆자리 쟁탈전으로 시작되는 저녁 식사 자리는 언제나처럼 아이들의 재잘거림으로 조용할 수가 없다. 모두가 한 마디씩 하다 보면 그 한 마디가 두 마디가 되고 세 마디가 되면서 말다툼이 일어나기도 한다. 조용한 저녁 식사를 바라지만 그건 기적에 가까운 일이다.

저녁 식사를 마친 아이들은 샤워를 한다. 샤워하면서 벗은 속옷들을 세탁물 함에 정리하면서도 끊임없이 아이들과 대화를 이어가는 어쩌다 엄마들이다.

샤워 후 저녁 시간은 자유롭게 보내는데 미처 끝내지 못한 아이들의 숙제나 준비물 점검을 하다 보면 어느덧 잠잘 시간이다.

유치원에 다니는 아이들은 잠자리에서도 다독임이 필요하다. 동화책을 읽어주기도 하고 자장가를 불러 주다 보면 어느새 쌔근쌔근 잠이 든다.

아이들을 재우다 같이 잠이 들었다가도 얼른 다시 일어나야 한다. 내일 출근할 어쩌다 엄마에게 오늘 일어난 일들을 정리해서 전달해야 하기 때문이다. 아이들이 모두 잠든 밤에만 할 수 있는 일이다.

언제나처럼 시끌벅적하고 피곤한 하루지만 서류를 작성하면서도 아이들 생각에 입가에 미소가 떠오르는 어쩌다 엄마는 이런 일상이 행복이다.

도전!
전교 학생회장

"선생님, 저 전교 학생회장 선거에 나가보고 싶어요."

"그래? 학생회장은 왜 하고 싶은데?"

"제가 부반장, 반장을 해 봐서 아는데 학생회장이 되면 친구들이나 후배들에게 도움이 될 수 있을 것 같아요."

학생회장 선출 공고가 있던 날, 6학년 은혜가 학교를 다녀와서 자신의 생각을 이야기했다.

매년 3월이 되면 각 학교에서는 학생회장 등 임원을 선출한다. 삼혜원에서는 아이들이 원한다면 학급에서 반장, 부반장을 할 수 있도록 적극 밀어주기도 하고, 전교 학생회장에도 도전하도록 지원한다. 원가정과 떨어

져 시설에서 생활하는 아이들의 자존심을 회복시키고,
자존감을 높이는데 도움이 된다고 생각해서다.

비슷한 시각, 재준이네 방에서도 같은 이야기가 나오
고 있었다.

"선생님, 저 전교 회장에 나가고 싶어요."

"그래? 잘할 수 있겠어?"

부반장과 반장을 해본 은혜가 전교 학생회장을 한다는
것은 이해가 되지만, 그런 경험도 없이 갑자기 전교 학생
회장에 도전한다는 재준이의 말에 어쩌다 아빠는 당황
했다.

"재준이는 왜 전교 학생회장이 되고 싶어?"

"쉿! 이건 비밀인데요. 은혜가 출마한대요. 선생님도
아시다시피 은혜보다는 제가 낫지 않을까요?"

"재준이의 어떤 점이 은혜보다 낫다고 생각해?"

"제가 은혜보다 덩치도 크고 목소리도 크잖아요."

"공부는? 은혜가 재준이보다 더 잘하지 않나?"

"공부요? 에이~ 선생님도. 학생회장이 성적순은 아니 잖아요. 아무튼 저는 은혜를 이길 수 있을 것 같아요."

그렇게 삼혜원에 사는 두 아이 포함해 총 4명이 전교 학생회장 후보로 나섰다. 선거운동 기간이 다가오자, 은혜는 먼저 공약을 만들기 위해 노력했다.

"왕따 없는 행복한 학교! 급식이 맛있는 즐거운 학교!"

몇 가지 공약사항을 만든 은혜는 언니들을 찾아다니며 상의하고 어쩌다 엄마들에게도 조언을 구하느라 바쁘게 돌아다녔다.

어쩌다 아빠는 재준이에게도 공약이 있어야 되지 않겠 냐고 물어보았다.

"공약이요? 필요 없어요. 저는 저만의 무기가 있거든 요."

"비장의 무기가 뭔데?"

재준이는 목소리를 낮춰서 말했다.

"이건 절대 비밀인데요. 선생님만 알고 계세요. 제가

그동안 모은 돈으로 과자를 많이 사서 숨겨놨어요. 이제 그 과자를 이용할 거예요."

선거운동을 앞두고 은혜는 몇 년 전 학생회장을 했던 시연 언니의 도움을 받으며 여러 장의 피켓을 만들었다. 이름과 기호는 물론 선거공약까지 예쁘게 정리된 피켓이었다.

반면 재준이는 자신이 나눠준 과자를 먹은 친구들은 본인을 찍어 줄 것이라는 굳은 믿음으로 피켓 같은 것은 필요 없다며 만들지 않았다. 대신 마트를 연신 들락거리면서 과자나 음료수를 사서 친구들이나 후배들에게 나눠주고 다녔다.

"김은혜를 찍어주세요."

일주일간의 선거운동이 시작된 첫날, 은혜는 친한 친구 두 명과 함께 교문 앞에서 공약이 적힌 피켓을 흔들며 열심히 외쳤다.

"재준이를 뽑아주세요."

한편 재준이는 혼자서 소리를 지르는데 은혜 팀 세 명보다 확실히 소리는 더 컸다.

선거운동 첫날 저녁, 피켓이 없어 창피하다고 생각했는지 재준이도 부랴부랴 피켓을 만들었다. 하지만 공약도 없이 그냥 이재준 이름과 기호 1번을 쓴 것이 다였다.

성격이 똑 부러진 은혜는 많은 친구들을 만나면서 전교 학생회장의 중요성과 공약을 실천할 방법 등을 설명하며 다녔다. 한편 재준이는 책가방에 과자와 음료수 등을 가득 넣고 다니면서 만나는 친구들마다 나눠주었다.

선거운동 기간이 끝나고 선거의 날이 다가왔다. 은혜는 친구나 후배들에게 자신이 학생회장이 되면 어떤 점이 좋은지에 대해 설명하고 마지막까지 지지를 부탁하며 돌아다녔다.

재준이는 지금까지 나눠준 과자와 음료수를 헤아리며 표를 계산하고 있었다. 재준이의 계산으로는 압도적인 당선이 확실했기에 흐뭇한 미소와 함께 당선 인사말을 준비했다.

선거 결과, 은혜가 전교 학생회장으로 선출되었다. 당선된 은혜는 축하파티보다는 학생회장으로서 해야 할 일에 대해 언니들이나 선생님들께 자문을 구하러 다니며 바쁘게 보냈다. 떨어진 재준이를 위로하는 것도 잊지 않았다.

6개월 치 용돈을 날린 재준이는 선거 결과가 믿기지 않았는지 온종일 시무룩한 얼굴이었다. 하지만 다음 날에는 과자와 음료수가 전부가 아니라는 것을 깨달았는지 은혜를 찾아가 축하하는 대견한 모습을 보여줬다.

삼혜원에서는 당선된 은혜에 대한 축하보다는 떨어진 재준이가 신경 쓰였는데 재준이의 담담한 모습에 모두가 마음을 놓을 수 있었다.

전교 학생회장이 된 은혜는 누구보다 열심히 자신의

역할을 잘 해내었고, 학생 대표로서 학생들의 학교생활 개선에 기여하였다.

삼혜원에서는 어린이날 같은 특별한 날 햄버거를 전교생 간식으로 제공하고, 체육대회 때는 전교생에게 아이스크림을 돌리기도 하는 등 나름 전교 학생회장 엄마로서의 역할을 하면서 은혜의 위상을 세워주기 위해 노력했다.

6학년이 끝나갈 무렵 은혜가 어쩌다 엄마에게 말했다.

"선생님, 제가 만약에 그냥 집에서 살았다면 전교 학생회장을 해 볼 생각조차 못했을 것 같아요. 저희 엄마는 저를 이만큼 지원해주지 못할 거니까요."

담담하게 말하는 은혜의 말 속에서 삼혜원에 대한 진한 애정을 느낄 수 있었다.

은혜가 전교 학생회장 하는 것을 지켜본 재준이는 3년 후, 중학교에서 과자와 음료수가 아닌 실력으로 전교 학생회장이 되었다.

슬기로운 집콕생활

"밖에 나가서 놀고 싶어요."

"선생님! 우리는 언제 놀 수 있는 거예요?"

"도대체 어디 가서 놀아야 해요?"

"나도 놀고 싶은데…."

"얘들아, 조금만 더 기다려줘. 지금은 코로나 시국이잖아."

아이들의 원성에도 코로나를 반복해서 말할 수밖에 없는 어쩌다 엄마들이다.

2020년 2월, 갑작스레 발생한 코로나로 인해 일상이 변해버린 아이들은 학교를 가지 못할 뿐만 아니라 시설에서의 생활도 엉망이 되어버렸다. 코로나가 발생하자

마자 행정명령으로 인하여 시설 내에서 단체활동을 하는 것이 금지되었고 심지어는 집 밖에 나가는 것조차 할 수 없게 된 것이다.

이런 상황에서 아이들은 아무 데도 가지 못하고 오직 집에서만 생활해야 하는 것에 답답하고 힘들어했다. 같은 집에 있으면서도 마스크를 착용해야 했고 함께 둘러앉아 밥을 먹는 것조차도 위험하니 안 된다고 하는 시기였다.

"대체 코로나가 왜 생긴 거예요?"

"우리가 학교도 못 가는데 밖에도 못 나가게 하는 건 아니지 않아요?"

코로나 전에는 그렇게 학교에 가기 싫어했던 아이들까지도 워낙 밖에 나가는 것이 차단되니 무조건 밖으로 나가고 싶어했다. 하지만 삼혜원 밖으로 나갈 수는 없는 상황. 방법은 안에서 찾아야 했다.

'감염 위험 없이 안전하게 할 수 있는 것이 무엇이 있

을까?'

조심스럽게 아이들에게 물었다.

"얘들아! 이왕 이렇게 꽉 막힌 거 우리끼리 뭘 하면서 놀면 좋을지 의견들을 서로 말해보자."

이미 많은 놀이를 경험해 본 아이들은 자신들이 좋아하는 이것저것을 말하였다.

"줄넘기 시합을 해요."

"각 방 별로 윷놀이를 해요."

"저는 무드등 만들기가 좋았어요."

"코로나가 너무 미우니까 코로나에게 편지를 써요."

아이들다운 다양한 의견들이 쏟아졌다.

코로나가 아이들을 집 밖으로 나가지 못하게 가두었지만, 아이들의 놀이에 대한 욕구와 상상력까지 가둘 수는 없었다.

거실에서 훌라후프 시합이 벌어졌다. 마스크를 두 개씩 쓰고 열심히 도전하여 50개를 마친 은호의 다음 차례는 재준이다. 턱스크를 하고 훌라후프를 하려는 재준이를 보며 모두들 "턱스크는 반칙이야 안돼!" 하고 말했다.

재준이는 "마스크 쓰면 숨 찬다 말이야!" 하면서 턱에 마스크를 걸친 채 열심히 허리를 돌렸지만 10개를 채우지 못하고 포기하고 말았다.

훌라후프뿐 아니라 각 방에서는 오목을 두거나 윷놀이 등 실내에서 할 수 있는 모든 놀이를 개발해 코로나와 싸우면서 코로나를 즐겼다.

마스크를 항상 착용하고 손 씻기가 생활화되니 아이들이 감기에 걸리는 횟수도 줄었다.

그렇게 실내 놀이를 열심히 하고 있을 때 태준이가 의견을 냈다.

"선생님! 우리가 이렇게 놀면서 코로나를 즐기는 것도 좋지만 코로나 때문에 고생하시는 대구의료원 의사 선생님들에게 편지를 보내면 어떨까요?"

평소 생각이 많고 똑똑한 태준이의 말에 준희도 한마
디를 거든다.

"우와! 그거 좋겠어요. TV에서 봤는데, 고생이 많은 것
같았어요."

"선생님 그럼 우리 위문편지를 써요. 고맙잖아요."

코로나로 고생하는 대구의료원에 편지를 쓰자는 의견을 각 방에 전달하니 모두가 찬성했다.

그중에는 "편지만 보내면 서운하니 선물도 보내요"라는 의견도 나왔다.

"대구에 보낼 선물은 비누가 어때요? 우리가 직접 만들어서."

마침 삼혜원 옆의 새뜰마을에서 비누를 만들고 있었다. 비누 선생님을 초대해서 다섯 명이 넘지 않는 선에서 모여 만드는 법을 배웠다.

각자의 비누가 완성된 날. 비누라고 하니 비누인지 알 정도로 모양은 가지각색이었지만 아이들의 진심이 담긴 천연비누였다. 아이들은 자신들이 만든 비누를 앞에 두고 편지를 쓰기 시작했다.

"의사 선생님께 고맙다고 써야지!"

"글씨를 알아보게 예쁘게 써야지!"

편지를 쓰면서 티격태격, 하하호호 떠드는 소리가 삼혜원을 가득 메웠다.

이렇게 아이들이 정성껏 쓴 편지와 비누를 대구의료원에 보냈다. 생각지도 않게 대구의료원에서 답장이 왔다.

"선생님! 대구의료원에서 답장이 왔어요."

"대구의료원 의사 선생님이 고맙대요."

"제가 보낸 편지를 다 읽으셨나 봐요."

"제가 만들어 보내드린 비누가 마음에 들고 좋대요!"

아이들의 작은 실천과 그러한 아이들의 마음에 대해 답을 보내주신 대구의료원 관계자들 덕분에 삼혜원 아이들은 답답한 코로나를 이겨낼 수 있었다. 생각해보면 코로나로 인해 잃은 것이 많았지만, 또한 얻은 것들도 많은 시간이었다.

굿바이 코로나!

지구를 지켜라!

"얼마 전 TV에서 환경오염에 대한 다큐멘터리를 봤습니다. 30년쯤 후면 지구상에 섬나라 몇 곳이 없어질 수도 있다는 것이었어요. 우리가 환경보호를 위해 할 수 있는 것이 뭐가 있을까 같이 생각해 보고 실천해 보면 좋겠습니다."

삼혜원에서는 중, 고등학생들이 자치회를 구성하여 월 1회 회의를 한다. 불편한 점에 대한 건의 사항을 내기도 하고 스스로 할 일을 찾기도 한다. 우리들의 작은 실천이 지구를 위한 위대한 노력이 될 것이라고 믿는 행동의 시작은 자치 회의에서 나온 안건에서 시작되었다.

"전기 절약하는 방법을 우리가 찾아보고 실천해 보는

건 어떨까요?"

"한 달에 하루 정도는 우리도 TV를 보지 않는다거나 전자제품 사용을 줄여보는 건 어떨까요?"

"좋은 것 같아요. 핸드폰이나 컴퓨터 같이 우리가 매일 사용하는 물건들을 그날 하루만큼은 사용을 참으면서 평소 사용하던 것들에 대해 소중함을 알아보는 것도 좋은 것 같습니다."

"그럼, 전기 절약을 위해 한 달에 한 번 TV, 핸드폰, 컴퓨터 등의 전자기기를 사용하지 않는 날을 정해보면 좋겠습니다."

모두 찬성 의견만 있었던 건 아니었다.

"하루라도 TV, 컴퓨터, 핸드폰을 이용하지 않는 것은 힘들지 않을까요?"

"맞아요! 어떻게 핸드폰을 손에서 놓고 있어요! 그건 힘들어요!!"

아이들의 논의는 계속 오고 갔고, 1시간의 긴 회의 끝에 아이들은 한 달에 딱 하루 환경보호에 앞장서기 위해 전자기기를 사용하지 않는 날을 만들었다.

"그럼 전기 절약의 날을 실시하기로 하겠습니다. 이날의 이름은 뭐로 할까요?"

"그냥 전기 절약의 날이요."

"맞아요. 절전의 날 좋아요."

"에코데이는 어때요?"

"에코데이? 뭔가 있어 보입니다."

"저는 에코데이가 좋습니다."

"저도 에코데이가 좋아 보입니다."

"그럼 전기 절약의 날은 에코데이로 정하고, 한 달에 한 번 실시하는 것으로 하겠습니다. 언제가 좋을까요?"

"첫째 주 수요일이요. 솔직히 주말에 온종일 핸드폰을 안 쓰는 건 어렵고, 평일 중에서도 그나마 수요일이 학교가 일찍 끝나는 날이니까 수요일 어때요?"

"또 다른 의견 있나요?"

"없습니다."

"그럼 전기 절약의 날 에코데이는 한 달에 한 번 첫째 주 수요일로 정하도록 하겠습니다. 이날은 전기 절약을 위해 노력해 주세요. 우리도 환경보호에 동참하는 날입니다."

이렇게 해서 삼혜원의 에코데이가 시작되었다.

처음 시작부터 아이들의 의견으로 만들어진 에코데이다 보니 직원들보다 아이들이 더 적극적이었다. 아이들은 직원들에게도 에코데이만큼은 생활일지 작업을 제외한 시간에는 컴퓨터, 핸드폰 사용을 자제해야 한다고 훈수를 두곤 했다.

"오늘은 우리가 정한 에코데이인데 선생님은 왜 컴퓨터를 사용해요?"

"일지 작성은 해야 되는데….."

말꼬리를 흐리는 선생님에게 아이들은 절대 안 된다는 듯 단호하게 말했다.

"우리도 선생님들이 정한 환경보호 운동을 같이 하잖아요. 그러니까 선생님도 저희의 에코데이를 지켜주셔야죠? 안 그래요?"

"맞아요. 오늘은 에코데이잖아요."

"선생님, 에코데이 날에는 전자기기를 사용하지 않는 거라고요. 선생님도 컴퓨터를 사용하면 안 되잖아요. 일은 그만하시고 저희랑 놀아요."

"알았다. 그럼 일지는 이따가 써야겠다. 그런데 너희 뭐 하고 놀 건데?"

"오늘은 저희 오목 한판 어때요?"

"그래 좋아! 진사람 딱밤 한 대!"

"좋아요."

202호는 여자방이라 오늘은 오이 팩이 한창이다.

"아니! 민영아~ 먹지 말고 얼굴에 올려야지~! 그래야 너 피부가 좋아지는 거야!"

"언니! 오이가 맛있는 걸 어떻게 해요~ 그런데 진짜 이렇게 하면 피부 좋아져요?"

얼굴에 올려둔 오이를 먹고만 있는 민영이를 보면서 지선이가 답답함에 한소리를 한다. 그 모습마저 즐거운 아이들이다.

에코데이에는 TV나 PC를 아예 켜지 않고 휴대폰 없이 교사와 아이들이 함께 어울려 다양한 놀이 프로그램을 하면서 지낸다. 생활방 식구끼리 보드게임을 하거나 옹기종기 모여 이런저런 이야기를 나누기도 한다. 어떤 생활방은 맛있는 간식을 만들어 먹기도 하고, 또 다른 생활방은 가까운 시내로 한 바퀴 산책을 다녀오기도 하는 등 각자의 방식으로 즐겁게 에코데이를 보낸다.

처음에는 몇몇 아이들의 불만도 있었지만 시간이 지날수록 아이들의 호응과 참여율이 높아지면서 현재는 월 2회 첫째 셋째 수요일에 진행하고 있다. 환경에 대한 관심이 점점 높아지면서 내년에는 월 4회로 늘려나갈 수 있을 것 같다.

2023년 4월 22일 지구의 날에는 전기 절약을 위해 전 세계적으로 진행하는 저녁 8시 소등 행사에 동참했다. 작년에 몇몇 생활방에서 참여했던 것을 기억한 아이들이 스스로 삼혜원 내의 모든 전기를 소등했다. 짧은 시간이지만 전기를 안 쓰면서 환경보호에 참여한다는 자부심을 느끼는 아이들은 전보다 더 환경보호에 관심을 가지는 계기가 되었다.

우리의 작은 실천이 하나하나 모이면 환경오염을 줄이고 지속 가능한 내일을 만들 수 있다는 생각으로 우유팩과 폐건전지를 모으고 환경보호를 위한 표어를 만들어 시설 내에 붙이기도 하는 등 아이들은 스스로 환경지킴이 역할을 열심히 하고 있다.

15년이 넘게 꾸준히 이어져 온 지구를 살리기 위한 작은 실천이 삼혜원의 전통으로 자리를 잡아가는 모습에서 아이들과 삼혜원 그리고 지구의 밝은 미래를 엿볼 수 있다.

사랑을 나누는
반찬 배달

"제가 첫 월급을 받았는데, 만 원만 후원해도 되나요?"

"우리 아이가 돌이에요. 돌잔치는 안 하고, 삼혜원 아이들과 나눔하고 싶어서요."

"저희가 결혼하는데 결혼식 비용을 좋은 곳에 기부하고 싶어서요."

삼혜원에는 이런저런 이유로 인연을 맺고 10년, 20년… 묵묵히 삼혜원 아이들의 행복을 위해 지지해주시는 많은 후원자님과 자원봉사자님들이 계신다. 삼혜원의 또 하나의 가족이다. 이렇게 많은 후원자님과 자원봉사자님이 함께 해주셔서 삼혜원 아이들은 큰 부족함 없이 생활하고 있다.

항상 받는 것에만 익숙해지는 아이들보다는 나눌 줄도 아는 사람으로 컸으면 하는 바람으로, 많은 궁리 끝에 삼혜원 인근의 어르신들을 초대하여 식사 대접을 하기 시작했다.

그런데 몇 번의 초대에 응한 어르신들이 산 비탈길에 위치한 동네 특성상 오고 가는 것이 어렵다고 말씀하셨다. 거동이 불편하신 탓이었다.

삼혜원에서는 아이들에게 자치 회의에서 어르신들의 불편함을 해결하기 위한 방법을 직접 논의하도록 부탁했다. 아이들은 1주일에 한 번씩 반찬과 간식을 직접 배달해 드리는 방법을 제안했다.

삼혜원에서만 생활하다 보니 아이들이 어른을 대하는 예절을 잘 모를 때가 많다. 처음으로 어르신께 반찬 배달을 간 날은 아이들이 인사도 제대로 하지 않고 반찬만 쑥~ 내밀고 오기도 했다. 그렇게 쑥스러워하던 아이들이 매주 가다 보니 할머니, 할아버지와 인사를 나누게 되고 안부도 물으며 조금씩 서로에게 다가가게 되었다.

어르신들 역시 처음에는 아이들이 그냥 왔다 가나보다 하셨단다. 그런데 아이들과 매주 만나다 보니 아이들이 올 시간이 되면 기다리고 계셨다. 아이들의 손을 어루만져 주기도 하시고, 아이들을 위해 아이스크림을 준비해 두셨다가 전달해 주기도 하셨다.

어느새 할머니, 할아버지와 아이들은 조금씩 서로에게 다가가 친밀한 사이가 되었고 또 다른 따뜻함과 사랑을 느끼게 되었다.

초등학교 5학년에 재학 중인 혜린이는 삼혜원에서 새침데기로 유명하다. 혜린이가 반찬을 배달해야 하는 집은 이옥순 어르신 댁이다.

"저, 반찬 배달하기 싫어요."

"왜 그래 혜린아! 제일 가까운 곳이잖아."

"가깝기는 하지만 언덕길에 꼬불꼬불하고 할머니 집에 가면 냄새도 나고……."

"혜린아, 그렇게 이야기하는 거 아니야. 할머니는 혼자 사시니까 힘드시잖아. 가까이 사는 우리라도 관심을 갖고 친해지면 서로가 좋지 않을까?"

"아아아~, 가기 싫어요."

어렸을 때 삼혜원에 들어와 원가정에 대한 기억이 거의 없고 할머니 사랑에 대해서는 더욱더 알지 못하는 혜린이다. 왜 관계도 없는 할머니 집에 반찬 배달을 가야 하는지 이해가 되지 않았다. 토요일 오후 반찬 배달 시간이 되면 가기 싫다고 온갖 핑계를 댔다.

한 번 두 번 그렇게 가기 싫은 걸음으로 옥순 할머니 댁을 다니던 혜린이는 조금씩 마음의 문을 열기 시작했다. 어느샌가 토요일 오후가 되면 제일 먼저 반찬 배달을 준비하고 있었다.

"오늘은 할머니 집이 깨끗해졌어요. 다리 때문에 걷기도 힘들어 하셔서 제가 청소를 해드렸거든요."

혜린이의 말속에는 할머니에 대한 짙은 사랑이 묻어 있었다.

"오~ 우리 혜린이 할머니랑 친해졌네?"

"당연하죠. 할머니랑 저는 절친이에요."

이렇게 일주일에 한 번씩 반찬 배달을 하면서 할머니와의 애정이 쌓여 갔다.

"할머니가 지난주에 드린 과자를 안 드시고 저 준다고 남겨 두신 거 있죠. 그래서 할머니랑 같이 먹었어요."

"할머니가 사과 깎아 주셔서 같이 먹고 왔어요. 생각보다 맛있었어요."

"할머니가 옛날에 시장에서 장사를 하셨대요."

"할머니에게 제 또래 손주가 있대요. 저를 보면 손주가 보고 싶대요. 선생님 모르셨죠?"

어르신은 손주 또래의 아이들과 이야기를 나누면서 옛날을 회상하셨고, 혜린이는 어른을 대하는 태도와 예의를 배우고 있었다.

어느 날, 혜린이가 옥순 할머니 댁 앞에서 발을 동동 구르며 옥순 할머니를 부르는데 대답이 없었다.

"옥순 할머니!!"

계속 불렀지만, 할머니가 나오시지 않았다. 결국 반찬을 전달하지 못하고 풀이 죽어서 원으로 돌아온 혜린이는 어쩌다 엄마에게 울먹이는 목소리로 말했다.

"선생님, 옥순 할머니가 안 나오셨어요. 그래서 반찬은 그냥 가져왔어요. 혹시 할머니께 무슨 일이 있으면 어떻게 해요?"

곧 울음이 터질 것 같은 혜린이를 안심시키며 어쩌다 엄마는 옥순 어르신께 전화를 드렸다. 어르신과 한참을 통화하는 직원을 빤히 쳐다보던 혜린이는 전화를 끊자 할머니에게 무슨 일이 있는 것인지 재촉해서 물었다.

"혜린아, 옥순 할머니가 병원에 입원하셨대. 엊그제 마당에서 넘어지셔서 허리를 다치셨단다. 그래서 병원에 가셨대. 너 오면 주려고 아이스크림도 사 놓으셨다는데 말도 못 하고 와서 미안하단다."

"어쩐지, 옥순 할머니가 안 계셔서 이상했어요. 많이 다치셨대요?"

"한 달 정도 입원해야 한다고 했다네."

"그럼 할머니 병문안 갈까요? 할머니가 안 아프시면 좋겠어요."

"전남병원에 계신대. 그럼 선생님이랑 같이 가볼래?"

"네! 할머니가 보고 싶어요."

그날 오후 혜린이는 할머니가 좋아하는 사과를 챙겨서 할머니께 병문안을 갔다.

"옥순 할머니!"

할머니를 보자마자 눈물을 글썽이며 와락 안기는 혜린이에게 옥순 할머니는 웃으면서 말했다.

"아이고, 우리 예쁜 혜린이, 어찌 왔어?"

"오늘 할머니 댁에 갔는데 안 계셔서 얼마나 걱정됐다고요. 입원하셨다니까 더 보고 싶어서 선생님 졸라서 왔어요."

"아이고, 안 와도 되는데…."

"아닙니다. 어르신, 혜린이가 걱정을 많이 하더라고요. 이만하시니 천만다행이에요."

"할머니! 아프지 마요. 빨리 나아서 오세요. 제가 반찬 잘 챙겨다 드릴게요."

"고맙다. 혜린아. 할머니 치료 잘 받고 갈게."

"네. 다음에 뵐게요."

처음에는 반찬 배달을 안 가겠다고 투덜대던 혜린이는 옥순 할머니가 요양병원에 입원하시기 전까지 꾸준히 할머니 댁에 반찬을 배달하며 옥순 할머니와 친한 친구로 지냈다.

벌써 20년이 넘게 삼혜원 아이들은 매주 토요일 오후가 되면 12명의 동네 어르신들께 반찬 배달을 하고 있다. 동네 어르신들과 삼혜원 아이들의 사랑은 후배들에게 꾸준히 대물림되고 있다.

삼혜원에서 생활하는 아이들은 받는 것에 익숙하고 당연하게 느끼는 듯하지만, 지금처럼 실천하는 나눔을 가르치면 우리 아이들도 나눌 줄 아는 따뜻한 사람으로 자라게 될 것이라 믿는다.

2부

홀로서기

창문 너머 삼혜원

"채민아, 이 아파트가 괜찮은 거 같은데?"

"여긴 회사와 가까운 건 좋은데 엘리베이터가 없어 5층까지 걸어 다니기 힘들어요."

"그럼 저기는 어떠니?"

"거기는 회사와도 멀고 마음이 별로 내키는 곳이 아니에요."

평소에 무던한 성격인 채민이도 홀로서기를 해야 하는 것이 낯설고 두려운 탓일까? 첫 자취방을 구하는 것은 꽤나 힘들고 오랜 시간이 걸렸다.

채민이가 삼혜원에 들어온 것은 2003년 10월 3일.

이제 막 태어난 갓난아이는 작은 박스 안에 포대기에

싸인 채 삼혜원 앞에 있었다. 애절한 울음소리와 함께 삼혜원의 가족이 된 아이를 위해 채민이란 이름을 짓고, 출생신고를 했다. 1년 후에는 돌잔치도 열었다. 그 후로도 삼혜원에서는 채민이에게 모든 정성을 다했다.

부모를 알 수 없다 보니 채민이는 이 세상에 오직 혼자였지만 삼혜원에서 맺어진 많은 형제들과 어쩌다 엄마, 아빠들로 이루어진 어쩌다 가족이 있어 외롭지 않은 삶을 살 수 있었다.

다행스러운 것은 채민이가 건강한 체질에 무난한 성격으로 별 탈 없이 자라준 것이다. 고등학교를 마치고 전문대 호텔학과로 진학해 여수에서 제일 좋은 호텔에 취업을 했다.

포대기를 풀어헤치고 구겨진 박스를 꼬깃꼬깃 펴 가면서 만들어온 20년의 세월. 채민이는 삼혜원이 전부였고 삼혜원도 채민이가 구김살 없이 잘 자랄 수 있도록 최선을 다했다.

그렇게 시간이 흘러 2023년, 채민이는 스무 살이 되었다. 그 옛날 작은 박스에 들어있던 갓난아이의 모습은 온데간데없고 건장한 체격에 좋은 호텔에 취업해 의젓한 성인이 된 채민이. 그런 채민이가 삼혜원을 떠나 홀로서기를 시작했다.

채민이가 원하는 집을 찾아 헤매던 며칠째 우연히 삼혜원 바로 앞 신축 오피스텔의 임대 플래카드가 눈에 띄었다. 30층 높이의 웅장함을 한참 바라보던 채민이가 "저런 곳에서 살고 싶어요!"라고 말했다.

어렵사리 LH 전세 임대 승인을 받았다. 정부 지원금에 삼혜원에서 20년간 복리로 불려온 채민이의 수당과 후원금을 합하고 대출까지 받으니 빠듯하게나마 임대료를 마련할 수 있었다.

채민이의 보호 종료 소식을 들으신 후원자님께서 TV와 냉장고 등 가전제품을 마련해주셨다. 10평 남짓의 작은 오피스텔이지만 따스한 손길이 함께한 채민이의 첫 보금자리는 그렇게 완성되었다.

"선생님! 저 언제 들어가요?"

"짐은 언제 옮겨요?"

"1층부터 비밀번호가 있던데 어떻게 해야 돼요?"

포대기에 싸여 울던 갓난아기가 어엿한 성인이 되기까지 20년의 삼혜원을 차곡차곡 담으니 캐리어 3개로 압축되었다. 이제 채민이는 캐리어에 들어있는 20년의 세월을 꺼내 가며 새로운 20년을 시작해야 할 때가 된 것이다.

"채민아! 귀찮다고 굶지 말고 밥은 꼭 잘 챙겨 먹고 청소도 잘하고 아프면 전화하렴. 알았지?"

"걱정 마세요! 자신 있어요."

허허벌판에 아이를 내놓는 심정으로 짐을 정리하면서 이것저것 일러두고 있는 어쩌다 엄마를 보며,

"선생님, 저기 봐봐요."

채민이가 창문 밖을 가리켰다.

"아!"

삼혜원이었다.

손을 뻗으면 닿을 듯하고, 소리를 지르면 들릴 듯하며, 함께 생활했던 동생들의 모습이 보일 듯한 그런 곳에 채민이는 보금자리를 구했다.

"선생님, 제가 이 집을 왜 들어오고 싶어했는지 아시겠어요? 저는 삼혜원을 잊을 수 없어요. 제가 삼혜원이고 삼혜원이 저예요."

동생들에게 희망을

아동양육시설에서 생활하는 아이들의 최종 목표는 건강한 자립이다. 시설에서 일하는 모든 사회복지사들은 아이들이 건강하게 성장하여 사회의 구성원으로서 자신의 역할을 잘 해낼 수 있도록 돕는 역할을 한다.

요즘은 보호 종료 아동의 자립에 관심이 커지면서 초등학생 때부터 자립을 준비한다. 중학생이 되면 진로에 대한 고민을 시작하고, 고등학생이 되면 실질적인 자립 체험을 하면서 홀로 설 준비를 한다.

초등학교 2학년 때 삼혜원에 들어와 친구들과 쉽게 어울리지 못하던 민준이는 중학교 때 유독 방황의 시기가 길었다. 알코올 중독인 민준이 아빠는 술에 취한 날이면 삼혜원에 찾아오거나 전화를 하여 소리를 질러가며 직원들을 힘들게 했고 그럴 때마다 민준이는 더욱 힘들어했다.

공업고등학교에 진학한 1학년 때 민준이 아빠가 돌아가셨다. 민준이를 힘들게 한 아빠였지만 아빠의 죽음은 민준이를 더욱 방황하게 했으며 당연히 학교생활에도 더 무관심해졌다.

흔들리는 민준이를 잡아준 것은 어쩌다 엄마들이었다. 민준이를 눈여겨보아 온 담당 어쩌다 엄마는 민준이에게 기능장 반에 들어갈 것을 권했다.

공업고등학교에는 기능장 반이 있는데 학과 수업을 마치고 따로 기능장 반에 가서 3년 동안 열심히 기능을 익히는 것이다. 기능장 반, 기능반, 기능영재반 등 다양한 이름으로 불리다 현재는 전공심화 동아리반이라고 부른다. 용접, 자동차, 옥내배선 등 여러 가지 기능들을 익히는데 전국 기능경기대회에 나가 상위 입상을 하면 취업에 유리하다.

1년 365일 하루도 쉴 수가 없으며 심지어 남들 다 가는 수학여행도 포기하고 기능을 연마해야 하기 때문에 한창 놀고 싶은 어린 나이에 기능장 반을 선택하기란 쉽지 않다.

삼혜원에서는 몇 년 전에 용접 기능장을 익혀 삼성중공업에 취업한 '최현우'와 옥내배선 기능으로 에버랜드에 취업한 '김영준' 선배들의 성공적인 사례가 있었기에 어쩌다 엄마들은 진심으로 민준이를 설득했다.

그러나 민준이의 답은 거절이었다.

"영준이 형이 하는 거 봤는데 기능장 반 훈련이 너무 힘들잖아요. 저하고는 안 맞아요. 자신 없어요."

"그래도 민준아, 너는 어려서 아직 모르지만 지금 네가 내리는 결정이 너의 인생을 바꾸는 기회야. 삼혜원에서 지원해 줄테니 눈 딱 감고 열심히 해봐."

"벌써 1학년이 지나가서 너무 늦은 것 같아요."

"이제부터라도 남들보다 두 배로 열심히 하면 가능할 거야. 그러니 해보자."

겨울방학 내내 이어진 기나긴 설득 덕분이었는지 민준이는 기능장 반 훈련에 마지못해 참여할 뜻을 비쳤다.

이제는 학교와의 문제다. 기능장 반은 학생의 의지도 중요하지만 재료비며 대회 출전비 등 부담해야 할 경비가 만만치 않기에 쉽사리 받아주지 않는다. 더군다나 일 년을 허송세월하면서 보내고 2학년이 된 민준이였기에 어쩌다 엄마들은 민준이가 쓴 열심히 하겠다는 서약서까지 내보이면서 사정했다. 진심이 통했는지 담당 선생님은 마지못해 승낙했다.

기능장 반에 들어가면 많은 지원이 필요하다. 가장 힘든 점은 민준이만을 위해 어쩌다 엄마들이 뒷바라지를 해야 한다는 것이다.

매일 새벽 6시에 민준이만을 위한 아침밥을 차릴 때에

는 다른 아이들이 깨지 않게 조심해야 하고, 오후 간식, 저녁밥과 저녁 간식을 1년 365일 하루도 쉬지 않고 학교로 배달해야 했다. 다른 8명의 아이들을 돌보면서 한다는 것이 어렵고 힘든 일이지만 어쩌다 엄마들은 민준이의 밝은 미래를 위해 기꺼이 나섰다.

　1학년부터 시작해도 쉽지 않은 일을 2학년이 되어서야 시작한 민준이는 그만큼 남들보다 더 열심히 했다. 민준이의 노력이 통했던지 3학년 때 전남 기능경기대회에서 좋은 성적을 냈다. 여세를 몰아 전국 대회에서도 상위 입상을 하여 그동안 고생했던 보람을 느낄 수 있었고 민준이도 재미를 붙이면서 미래를 향해 더욱 노력하게 되었다.

　졸업을 앞두고 민준이는 한국동서발전의 특성화고 졸업예정자 선발 전형에 담당 선생님의 추천으로 지원을 했다. 그동안 성적이 좋았던 민준이는 무난히 합격하여 졸업 전에 취업이 확정되었다.

민준이의 졸업과 퇴소, 그리고 어엿한 공기업 입사는 무엇보다 경사였다. 모든 어쩌다 엄마들이 모여 축하 인사를 했고 동생들도 민준이 형의 자랑스러운 모습에 박수를 아끼지 않았다.

"제가 이렇게 잘 될 수 있었던 것은 모두 삼혜원에서 자랐기 때문이에요. 삼혜원 선생님들의 사랑이 없었으면 지금의 제가 없었을 거예요. 앞으로도 항상 감사하는 마음을 간직하고 삼혜원에서 받은 많은 것을 나누는 사람이 되겠습니다."

울먹이면서 말하는 민준이의 모습에 모두의 눈시울이 붉어졌다.

첫 월급을 받고 민준이가 제일 먼저 한 것은 삼혜원의 정기후원자가 되는 것이었다.

"첫 월급을 받았어요. 아직도 제가 돈을 번다는 것이 믿기지 않아요. 이 모든 것이 다 삼혜원 덕분이에요. 감사합니다."

짧은 손 편지와 함께 날아온 기쁜 소식이었다.

그 뒤로도 민준이는 동생들이 방황할 때나 퇴소 준비를 할 때마다 삼혜원에 와서 동생들의 용기를 북돋아 주는 말을 많이 해주었다. 삼혜원을 방문할 때마다 양손 가득 아이스크림이나 과자 등을 들고 나타나는 것은 덤이었다.

2023년 봄, 민준이는 평생을 함께 하고 싶은 사람을 만나 여수의 가장 좋은 호텔에서 결혼식을 올렸다.

내 마음의 고향

"윷이야."

"아니야, 도가 나와야 우리 팀이 이겨."

설이지만 원가정에 가지 못하는 삼혜원 아이들은 함께 모여 윷놀이를 하는 중이었다. 한참 재미있게 놀고 있을 때, 병철이가 화장실을 다녀오더니 눈을 동그랗게 뜨고 말했다.

"선생님, 밖에 모르는 사람 두 명이 있어요."

"그래? 후원자님이 오셨나?"

현관문을 열고 나가자 10여 년 전에 퇴소한 여자아이 두 명이 서 있었다.

"선생님!"

"어머! 미정아, 소라야, 어쩐 일이야~!"

"우와~ 선생님. 우리 이름을 기억하고 계시네요."

"당연하지~ 내가 나이가 들었어도 너희들 이름을 어떻게 잊겠니? 다 기억하고 있지."

"이런저런 일 때문에 한동안 여수에 못 왔어요. 이번 설에는 큰맘 먹고 왔는데, 삼혜원 생각이 나더라고요. 삼혜원이 그대로인지도 궁금하고 동생들도 혹시 볼 수 있으면 보고 싶고. 솔직히 선생님들이 그대로 계실 거라 생각은 못 하고 그래도 가보자 하고 왔는데, 선생님이 계시네요?"

"그랬구나~ 너무 반갑다. 잘 왔어. 어서 들어와."

미정이랑 소라는 생활방에 들어서자마자 옛날을 떠올리는 듯 눈을 지그시 감더니 말했다.

"건물이 새로 생기기는 했는데, 그대로네요. 101호도 그대로고."

"그렇지, 그때는 여기가 새 건물이었지."

"낡은 건 건물이랑 우리네요."

어쩌다 엄마는 명절을 맞아 친정집에 온 딸을 대접하는 마음으로 산적과 식혜 등 명절 음식 몇 가지를 내놓으며 거실에 앉아 이야기꽃을 피우기 시작했다.

"삼혜원은 여전하네요. 지금도 명절이면 가끔 삼혜원

냉장고가 생각나요."

　"평소에도 먹을 것이 많았는데, 명절이 되면 더 많았어요. 진짜 맛있었는데."

　"저는 퇴소하고 삼혜원을 생각하면 제일 먼저 떠오르는 것이 맛있는 밥이었어요."

　"맞아요. 삼혜원 밥이 맛있잖아요. 근데 제가 하면 그맛이 안 나고 식당에서 먹어도 그 맛은 안 나더라고요."

　"그때나 지금이나 삼혜원 밥이 최고지."

　아이들은 명절에 산적도 끼우고 만두도 만들어서 먹었던 기억이 난다고 말했다.

　명절에는 조리사가 음식을 한꺼번에 장만해서 명절 동안 먹을 수 있도록 냉장고에 잔뜩 넣어 놓고 간다.

　원가정이 없거나 가지 못한 아이들은 삼혜원에서 그 음식으로 명절 기분을 내면서 풍요롭게 먹었던 기억이 난다고 한다. 아이들은 벌써 10여 년이 지났는데도 삼혜원에서 보냈던 명절 풍경을 그대로 기억하고 있었다.

"선생님, 수호가 정말 많이 컸네요. 그때는 정말 아가였는데…."

"삼혜원에 아기가 처음 들어왔고 수호가 너무 귀여웠잖아요."

"맞아요. 그때 수호가 기어 다니는데 너나 할 것 없이 수호 한번 안아 보려고 얼마나 다퉜던지…."

"목말을 태워준다고 하다가 떨어뜨릴 뻔한 것도 기억나요."

"그때 얼마나 혼이 났던지 지금 생각하면 아찔해요."

"나도 기억난다. 수호한테 무슨 일이라도 생기면 어쩌지 하고 밤새 수호를 쳐다보고 또 쳐다보고…."

"그랬구나, 그건 몰랐어요."

"그치, 너희는 모르지."

"근데 퇴소하고 나니까 알겠더라고요."

"삼혜원에 살면서 힘들 때도 있었는데, 퇴소하고 살다 보니까 선생님들이 하신 말, 행동 하나하나의 이유를 알겠더라고요. 그때는 그게 정말 싫었는데."

"저도요. 퇴소하기만 하면 내 맘대로 살 거야라고 했는데, 막상 퇴소하니까 삼혜원에서 배웠던 대로 살고 있어요."

"그럼 다행이네. 지금 살고 있는 동생들도 알면 좋을 텐데."

"말 안 듣죠? 당연한 거 같아요. 선생님들이 챙겨주시는 게 얼마나 좋은 건지 모르니까."

"애들도 퇴소하면 알 거예요. 그 전에 알면 애들이 아니니까."

"삼혜원이 없어지지 않고 이렇게 이 자리에 있어서 너무 좋네요."

"회사에서 일하다 힘들 때 가끔 삼혜원이 생각나요. 그러면 그때 그랬지, 하면서 괜히 나도 모르게 웃음이 날 때도 있어요."

"고맙다. 그렇게 생각해 준다니까."

그렇게 한참을 이야기하고 난 후, 미정이와 소라가 자

리에서 일어섰다.

"선생님, 저희 이제 갈게요. 다음에 여수 오면 그때 또 올게요."

"이렇게 잊지 않고 찾아와주니 너무 좋다. 건강하게 잘 지내고 또 보자."

"네~ 선생님도 건강하시고, 동생들도 잘 부탁드려요."

"명절 잘 보내고 조심히 올라가렴."

삼혜원에서 살게 된 이유는 각양각색이지만, 삼혜원은 어쩌다 엄마들에게도 아이들에게도 같은 기억을 공유하며 잊을 수 없는 추억의 공간이 되었다. 이곳에서 보낸 우리 아이들의 유년 시절이 아프고 쓰라린 기억보다는 따뜻했던 기억으로 소중한 추억이 되기를 바란다.

오늘도 삼혜원에서는 어쩌다 엄마와 아이들이 함께 자라고 있다. 그리고 또 누군가 추억을 생각하며 찾아와 주기를 기다리고 있다.

경계를 넘어

경계선 지능(DSM-5 기준 71~84)은 1995년에서야 그 용어가 생겼으며 지능지수가 평균보다 낮지만 지적장애라고 단정 짓기도 어렵고 그렇다고 지적장애가 아니라고 하기도 애매한 상태를 말한다.

일상적인 대화를 할 때는 평범해 보이지만 학습능력, 어휘력, 인지력, 대인관계 등에 많은 어려움을 느끼면서 장애와 비장애의 경계선에서 힘들어하는 경계선 지능에 있는 사람들이 우리 주위에 많다. 장애가 없는 것으로 오해하기 쉽기 때문에 어렸을 때부터 부모와 교사의 올바른 대처와 교육이 필요하다.

승기는 어렸을 때 급격하게 어려워진 가정 형편과 부

모의 이혼으로 초등학교 5학년 때 삼혜원에 들어오게 되었다. 운동을 좋아하고 특히 축구를 좋아하는 승기를 위해 학교 축구부에 들어가는 것을 권했다.

축구팀 입단 테스트를 통과하고 며칠 동안 훈련에 참여했는데 더 이상 나오지 말라는 통보를 받았다. 이유는 승기가 코치의 지도를 따르지 않는다는 것이었다.

"승기야, 축구가 좋다고 했는데, 왜 코치님의 말씀을 따르지 않았니?"

"코치님이 말하는 게 무슨 말인지 잘 모르겠어요."

삼혜원 마당에서 축구를 할 때는 드리블이나 슛을 제법 잘하지만 막상 팀을 이루는데 문제가 생긴 승기다.

코치나 팀 동료와 의사소통에 어려움이 있는 승기는 결국 축구 선수가 되는 것은 포기하고 동네 마당에서 공차기를 즐기는 것으로 만족해야 했다.

경계선 지능의 아이들은 학습이나 언어, 인지 등 모든 것에서 느리지만 아이의 속도에 맞춰 천천히 지도하면 조금씩 발전을 보일 수 있다. 경계선 안으로 들어가느냐 아니면 밖으로 나오느냐는 아이의 수준에 맞게 얼마나 지도를 잘하느냐에 달렸다.

공업고등학교에 진학한 승기의 진로를 놓고 어쩌다 엄마와 아빠는 여러 번 회의를 했고, 재학 중에 자격증을 따는데 집중하기로 했다.

이해력이 부족한 승기가 자격증을 취득할 수 있을까 하는 생각이 들기도 했지만 최선을 다해 지원하기로 마음먹고 도전해 보기로 했다.

먼저 지게차 자격증을 따기로 하고 시험 준비를 했지만 만만치가 않았다. 첫 시험에서는 당연히 떨어질 줄 알았다. 하지만 두 번째, 세 번째 시험에서도 떨어지니 이제는 시험을 안 보겠다고 선언하는 승기.

아이들을 양육할 때 가장 조심해야 할 말은 '안 돼', '하지 마' 등이다. 그보다 더 아이들에게 비수처럼 꽂히는 말은 '너 그럴 줄 알았어'라는 말이다. 특히 경계선 지능의 아이들에게 '그럴 줄 알았어'는 치명적일 수밖에 없다.

어쩌다 엄마들은 승기에게 안 되겠다는 말을 하지 않았다. 오히려 작은 성공을 통해 성취감을 느끼며 새로운 도전을 할 수 있도록 수없이 설명하고 이해시켰다. 승기는 절치부심하여 다시 도전했지만 두 번 연속 또 떨어지고 말았다.

실의에 빠진 승기를 위해 이번에는 어쩌다 아빠가 나섰다. 지게차 자격증을 같이 따기로 하고 매일 저녁 승기와 함께 시험 공부를 했다. 이렇게 열심히 노력했지만 여섯 번째 시험에서 승기는 또 떨어졌다.

실망하고 좌절하는 승기에게 지금까지 점수가 조금씩 향상된 것을 칭찬하며 자신감을 불어넣어 주었다. 그렇게 다시 함께 공부한 승기와 어쩌다 아빠. 결국 7번의 도전 끝에 승기는 지게차 자격증을 손에 쥘 수 있었다. 꼬박 2년이 걸렸다.

경계선 지능의 아동은 이해력이 부족해 집중력이 약할 수밖에 없어 한 가지 일을 끈기 있게 오래 하기가 매우 어렵다. 아동의 상태를 이해하고 반복적으로 일관성 있게 치료와 지도를 하면 조금씩 발전하는 모습을 볼 수 있다. 다행스러운 것은 승기가 꾀를 부리거나 나쁜 짓을 하지 않고 남을 괴롭히는 행동도 하지 않는다는 점이었다.

이번에는 굴삭기에 도전!

다행히 3번 만에 합격했다. 두 번째 자격증은 경계선 지능의 승기에게는 꾸준한 노력과 자신감의 결과였다. 그렇게 승기는 노력하면서 조금씩 조금씩 경계를 넘어 경계 밖으로 나오고 있었다.

고등학교 졸업 후에는 삼혜원의 오랜 후원자인 모 회사 대표님께서 승기의 좋은 점을 이해해 주셔서 취업이 쉽게 이루어졌다. 경계선 지능의 승기를 이해해 주는 회사 대표와 잘 받아들이기 어려워하는 직원들 사이에 소소한 갈등이 있기도 했다. 그렇지만 승기는 회사 생활을 잘 해나갔다.

그러던 중 승기는 광주에서 생활하는 엄마와 연락이 닿았고 엄마와 함께 살게 되었다.

몇 년이 지나 승기가 삼혜원에 찾아왔다. 어떻게 지내냐고 물으니 폴리텍 대학에 다니고 있다고 했다. 당당하게 말하는 모습에서 승기가 어느새 경계선 밖으로 나와 있음을 느낄 수 있었다.

"선생님 그때는 정말 고마웠어요."

"뭐가?"

"공부해도 모르겠고 시험에는 계속 떨어지고 그럴 때 선생님이 같이 공부해 주셔서 자격증을 딸 수 있었어요."

"열심히 하는 승기가 예뻐서 그랬지."

"선생님 덕분에 자격증을 따고 지금은 대학도 다니잖아요."

"그래. 그동안 승기가 열심히 했구나. 잘했다."

"선생님 저 같은 동생이 있으면 잘 키워주세요. 느리지만 기다려주면 해낼 수 있어요."

※ 경계선 지능
통계에 의하면 인구의 14%에 달하는데 학습이나 행동이 느리고 인지능력이나 사회적 소통에 문제가 있지만 어떻게 지도하느냐에 따라 경계선 안으로 들어갈 수도 있고 경계선 밖으로 나올 수도 있다고 믿는다.

기억에 없는 엄마

"안녕하세요, 선생님! 저 유찬이에요!"

"유찬이 오랜만이다. 요새 연락이 통 없더니 잘 지내고 있지?"

"무소식이 희소식이잖아요. 저는 잘 지내고 있어요."

"다행이다. 너랑은 연락이 잘 안돼서 다른 아이들을 통해 니 소식을 듣고 있었어. 그런데 무슨 일이야?"

잠깐 호흡이 끊기고 조용하던 유찬이가 말을 이었다.

"선생님, 부탁이 있는데요. 제 보호자가 되어주세요."

"무슨 일 있어?"

"제가 신장 수술을 해야 하는데 병원에서 보호자가 있어야 수술할 수 있대요. 그런데 아무리 생각해 봐도 저에게 마땅한 보호자가 없어서 선생님을 생각했어요. 들어

줄 수 있어요?"

"당연히 해야지. 근데 수술은 언제 어디서 할 건데?"

"조만간 여수에서 하려고요."

"그래 알았다. 다시 연락해, 그때 얼굴 보자."

전화를 끊은 어쩌다 엄마는 가슴이 먹먹했다. 커다란 수술을 앞둔 두려움도 클 텐데 보호자가 없어 그 보호자를 구해야 하는 서글픈 마음의 유찬이를 생각하니 눈물이 핑 돌았다.

유찬이는 동생 유진이와 함께 어려서부터 삼혜원에서 생활했다. 헝클어진 가정에 대한 기억이 희미하게 남아 있는 유찬이는 별다른 말썽을 일으키지는 않았지만 그다지 밝은 모습을 보이지 않았다. 반면 동생 유진이는 어려서인지 장난기가 많고 활발했다.

공부를 꽤 잘했던 유찬이가 대학으로 진학하기를 바랐지만 유찬이는 취직해서 돈을 벌겠다고 했다. 다행히 졸업 전에 직장을 구해서 별다른 어려움 없이 삼혜원을 퇴소하였다.

유찬이의 첫 직장은 여수에 있는 리조트의 레스토랑이었다. 여수에 있을 때는 가끔 연락도 하고 삼혜원을 찾아와 동생들 간식도 사주면서 건강한 모습을 보여주었는데, 광주로 직장을 옮기고 이후 전북으로 옮긴 뒤로는 거의 연락이 닿지 않았다.

며칠 후, 여수로 온 유찬이를 오랜만에 만났다. 커다란 수술을 앞두고 있어서인지 유찬이의 얼굴색이 밝지는 않았다. 같이 병원에 가서 입원 수속을 밟는 동안 서로가 말이 없었다. 어쩌다 엄마는 유찬이가 안쓰러워 말이 나오지 않고, 유찬이는 미안해서 말을 못 하는 상황이었다.

보호자란에 사인하고 병실에서 준비를 마친 후 침대에 누운 유찬이를 밀면서 수술실을 향해 가는데 유찬이가 말했다.

"선생님, 첫날은 보호자가 있어야 한대요. 저 수술 끝날 때까지 기다려 주실 수 있어요?"

유찬이의 눈에 눈물이 고였다.

두려움일까?

슬픔일까?

서러움일까?

"걱정하지 말고 수술 잘 마치고 나와. 그렇지 않아도 사무실에는 늦을 것 같다고 말해뒀어."

수술이 끝나는 대로 병실로 데려다준다고 했지만 병실에서 기다릴 수 없어 네 시간을 온전히 수술실 앞에서 맴돌았다.

수술을 마친 유찬이가 창백한 얼굴로 수술실에서 나왔다. 마취에서 조금씩 깨어나며 아파하는 유찬이의 모습이 안쓰러워 어쩌다 엄마는 쉽게 집에 갈 수 없었다.

고통을 호소하다 진통제를 맞고야 잠이 든 유찬이를 바라보다가 새벽이 되어 집으로 향했다. 발걸음이 한없이 무거웠다.

사흘째 되던 날, 유찬이가 많이 회복된 거 같아 머리를 감겨주기로 했다.

"유찬아, 오늘은 머리 좀 감자. 네 모습이 너무 꼬질꼬질하다."

유찬이의 머리를 감기는데 유달리 야위어 보이는 등짝이 조금씩 흔들리는 느낌이 있었다. 수건으로 머리를 말리던 유찬이가 수건을 뒤집어쓴 채 아무런 말이나 행동이 없다.

"왜 그래? 유찬아!"

수건을 뒤집어쓰고 한참 동안 말이 없던 유찬이가 흐느끼며 말했다.

"저는 엄마에 대한 기억이 없어요. 그런데 방금 선생님이 머리를 감겨 줄 때 엄마를 만난 것 같아 잠깐이지만 너무 행복했고 이 순간이 영원하기를 빌었어요."

기억에 없는 엄마를 그리워하는 유찬이.

얼마나 외로울까.

얼마나 서글플까.

유찬이의 외로움과 서글픔을 뒤로 하고 병실을 나서는 어쩌다 엄마는 아무것도 할 수 없고, 해줄 수 없는 현실에 대한 미안함이 무겁게 다가왔다.

수술을 무사히 마치고 다시 일터로 간 유찬이에게 그 전보다 자주 연락을 했지만 연락이 되다 말다 했다.

일 년쯤 지났을까. 전북 경찰서에서 전화가 왔다. 변사체가 발견되었는데 유서에 전화번호가 있어 연락했다는 거다.

가슴이 쿵 내려앉았다. 어쩌다 엄마와 아빠들 몇몇이 정신없이 달려갔다. 가는 내내 '아동시설 퇴소 아동의 자살'이라는 언론의 문구가 떠올랐다.

우리는 왜 매년 이런 식으로 아이들을 보내야 하는 걸까. 꽃다운 젊은 아이들이 얼마나 죽어야 해결 방법을 찾을까.

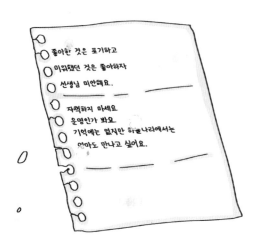

좋아한 것은 포기하고
미워했던 것은 좋아하자
선생님 미안해요.

자책하지 마세요
운명인가 봐요.
기억에는 없지만 하늘나라에서는
엄마도 만나고 싶어요.

장례식을 치를 사람조차 없어 삼혜원 가족들이 장례를 치르고 한줌의 재로 변한 유찬이를 만성리 바닷가 파도에 눈물과 함께 떠나 보냈다. 남은 유품 중에 노트가 한 권 있었는데 거기에는 힘들어했던 일들과 번개탄을 사고 장소를 고르는 일 등이 적혀있었다. 몇 번을 망설였는지 여러 장에 걸쳐 쓰여 있었고 몇 군데는 눈물 자국으로 얼룩져 있었다.

좋아한 것은 포기하고 미워했던 것은 좋아하자.

선생님 미안해요. 자책하지 마세요. 운명인가 봐요.

기억에는 없지만 하늘나라에서는 엄마도 만나고 싶어요.

힘들 때 힘들다고 말할 사람이 한 사람도 없었을까. 힘들다고 손을 내밀 때 그 손을 잡아주는 사람이 한 사람만 있었어도 유찬이의 극단적인 선택을 막을 수 있었을 텐데….

유찬이의 손을 잡아주지 못했다고 생각한 어쩌다 엄마의 마음 한 켠은 항상 얼룩져 있다.

아동양육시설의 사회복지사들은 그렇게 아픈 마음을 달래며 살아간다.

※ 아동양육시설 퇴소 아동의 극단적 선택

매년 언론에 보도되는 문제이지만 그때만 선정적으로 보도되고 아무런 해결책이 없이 지나간다. 가장 바람직한 해결책은 아동양육시설에 퇴소 아동을 담당할 수 있는 전문 인력을 배치하는 일이다. 20세 전후의 민감한 아이들의 고민을 들어주고 해결책을 같이 찾을 수 있는 경험도 풍부하고 전문적인 지식을 갖춘 인력이어야 한다.

하지만 우리나라는 기존의 시설이나 인력을 활용하는 방안보다 별도의 자립준비기관을 만들어 운영한다. 청소년기를 같이 보낸 선생님에게도 마음을 쉽게 열지 않는 자립준비 청년들이 새롭게 만난 전담요원에게 마음을 털어놓기가 쉽겠는가?

핀란드보다 훨씬 많은 복지서비스를 갖추고도 복지국가라는 이미지가 국민들에게 쉽게 다가오지 않는 것은 그 많은 서비스 체계가 제대로 작동하지 않고 무늬만 갖추고 있기 때문이다.

진짜 엄마가
된 미나

"선생님! 저희 딸이 벌써 돌이 되었어요."

"엊그제 결혼한다고 인사 온 것 같은데, 벌써 아기가 돌이 되었어?"

"시간이 정말 잘 가네요. 그리고 아기를 키우다 보니까 저희 부모님도 생각나지만 삼혜원 선생님들 생각이 너무 많이 나요."

"우리가 해 준 게 뭐가 있다고…."

"선생님들은 그게 일이니까 잘 모르시겠지만, 삼혜원에서 자란 것이 정말 저한테는 행운이었던 거 같아요."

"그래? 그럼 미나야, 혹시 삼혜원에서 생활할 때 어땠는지 글로 써줄 수 있겠어?"

"제가요?"

"우리 미나 잘 자랐잖아. 그래서 동생들에게 해주고 싶은 말이 있을 것 같아서."

"선생님, 저한테 너무 어려운 일인데…, 그래도 선생님 부탁이니까 해볼게요."

　중학교까지 별다른 문제 없이 평범한 가정에서 살던 나는 고등학교에 진학할 무렵 부모님의 형제에 대한 보증 문제로 집안 형편이 기울게 되었다. 세 자매를 키우던 아빠는 도저히 아이들을 정상적으로 학교에 보낼 수 없는 절박한 상황이었다. 그러던 중 수녀님의 추천으로 삼혜원을 알게 되었고, 아빠는 수없이 많은 갈등을 하다가 '아이들을 위해서'라는 심정으로 삼혜원을 찾게 되었다.

　삼혜원을 처음 방문한 날, 모든 게 낯설고 생소했다. 처음 보는 아이들의 호기심 어린 수군거림 속에 나와 두 동생, 우리 세 자매의 삼혜원 생활이 시작되었다.

　우리 세 자매를 내려주고 멀리서 지켜보면서 손을 흔드는 엄마, 아빠에게 울먹이는 동생들을 다독여가며 나는 씩씩하게 열심히 손을 흔들었다. 엄마, 아빠의 마음을 조금이라도 이해하려고 했고 안심시키려는 마음이었다.

사무실을 거쳐 방으로 가니 낯선 친구들이 환영 인사를 하면서 반겨주었고 담당 선생님과도 인사를 나누었다. 집안 형편으로 몇 달 동안 학교에 다니지 못했고 변변한 짐도 없이 온 우리 세 자매에게 삼혜원에서는 교복과 책가방은 물론 일상복까지 내주었다.

'아, 이제 학교에 다닐 수 있구나.'

꽉 막혔던 무언가가 뻥 뚫리는 기분이었다. 그동안 엄마, 아빠와 함께 할머니 집을 비롯하여 이리저리 옮겨 다닌 월셋집과 비교해 환경도 너무나 좋았다.

찬바람이 들어오지 않고 비가 들이치지 않는 따뜻한 방과 맛있는 음식 거기에 주어지는 선물까지.

'와, 이런 곳이 있다니…!'

삼혜원에서의 생활은 생각보다 재미있었다. 장난기 많은 친구들 때문에 배꼽이 빠질 정도로 웃기도 하고, 말 안 듣는 동생들 때문에 울기도 하고, 언니, 오빠들에게

도움을 받기도 했다.

어느 날은 밤 10시가 넘은 시간, 학교를 마치고 집으로 오는데 갑자기 비가 퍼부었다. 당황하며 버스에서 내리는데 같은 방에서 생활하는 동생이 우산을 들고 10분을 걸어와 나를 기다리고 있었다. 모두 다른 사연 때문에 따로 만난 우리지만 그래서 우리만의 돈독한 무언가가 있었다.

내가 삼혜원에서 지내면서 나를 더욱 사랑하게 되는 계기가 있었다. 고등학교를 졸업하고 대학교에 진학할 때였다. 고민 끝에 진로를 정했지만 대학등록금을 마련해야 했다. 다행히 나와 같은 상황에 처한 대학생들에게 장학금을 지원하는 프로그램이 있었다.

'작은 고추가 맵다. 저는 작지만 당찬….'

나는 자기소개서를 쓰고 지우고 고치고를 계속 반복했다. 간절했기 때문이다.

면접일에는 서울에 올라가야 하는 상황이었는데 혼자

서울에 가서 무얼 어떻게 해야 하나, 막막했다.

'뭘 타고 가야 하지?'

'가서 어떻게 하지?'

'내려올 땐 어떻게 하지?'

혼자서 서울이란 곳을 다녀온 경험이 없던 나에게 서울행은 두려움 자체였다.

하지만 지금도 생생하게 기억난다. 추운 겨울날 새벽, 숨을 쉬는 내내 입김은 내 앞을 한참 뿌옇게 했다. 새벽 첫차를 타고 가야 하는 상황에서 삼혜원 선생님은 제일 먼저 일어나 나를 깨워 주고, 잘하고 오라고 응원해 주었다. 춥다며 옷깃을 만져주었고, 기차에서 먹으라고 간식을 싸주었고, 기차역까지 데려다주었고, 갈 때 필요한 것들을 하나하나 꼼꼼히 챙겨주었다.

삼혜원 선생님은 나한테 언니고 엄마였다. 나는 그때를 잊지 못한다. 마음이 따뜻해졌던 순간이었기 때문이다.

'내가 뭐라고 이렇게까지 해주시는 걸까, 내가 뭐라

고…'

결국 면접관들이 고마운 사람을 이야기해 보라는 질문에 답변하다가 훌쩍훌쩍 울음을 터뜨렸던 기억이 난다.

진심을 알아주신 걸까. 나는 그 뒤로 대학등록금 걱정 없이 무사히 대학을 졸업할 수 있었다. 지금 이 순간도 그때를 생각하면 코끝이 찡해진다.

'난 이렇게 관심받는 사람이구나. 나도 나를 더 사랑해 줘야겠구나' 하는 생각을 하게 되었던 것 같다.

대학교 진학과 함께 나는 더 열정적으로 바뀌었다.

'나를 사랑해주고 보듬어주는 삼혜원에서 하고 싶은 것은 다 해봐야지! 나를 응원해 주는 삼혜원에서 더 갖춰서 자립해야지!'

내 사전에 불가능이란 없었다. 닥치는 대로 아르바이트를 하며 용돈을 모으고, 배우고 싶은 것이 있으면 문을 두드렸다. 다행히 적극적인 나의 행동에 운까지 따라줘서 많은 것들을 배우고 얻을 수 있었다.

미친 듯이 앞만 보고 달렸다. 다시 우리 가족들이 함께 살 수 있지 않을까 하는 희망을 가지고 나는 하루하루 열심히 살았다.

"동그란 눈에~ 까만 작은 코! 하얀 털옷을 입은 예쁜 아기곰~."

"언니 또 불러줘!"

대학교에 진학하면서 나는 삼혜원의 유치부 아이들과 함께 생활방에서 지내게 되었다.

선생님과 함께 아이들을 돌보는 일은 생각보다 보람 있었다. 작고 어리지만 사연 있는 아이들이 참 가엾고 예뻤다. 두 눈을 동그랗게 뜨고 내 이야기에 귀를 쫑긋하고 듣는데 얼마나 사랑스러웠는지 모른다.

나는 그 아이들의 작은 엄마가 된 기분이었다.

아직도 몇 아이들의 작은 얼굴들이 눈에 선하다. 내가 아이들을 좋아하게 된 것인지 아이들이 나를 좋아해 준 것인지 모르겠지만 그 좋은 기억 덕분에 지금까지 나는 아이들과 함께하는 일을 하고 있다. 그렇게 너무나 자연스럽게 나의 일이 되었다. 지금의 나를 있게 해준 그 아이들이 참 예뻤고, 참 즐거웠고, 참 고마웠다.

가끔 삼혜원에 들를 땐, "누나 안녕하세요!" 하며 인사하는 아이들을 보며 깜짝 놀라곤 한다.

"민준아, 벌써 이렇게 컸어? 누나 기억나?" 하고 물으면, "미나 누나잖아요" 하고 정확하게 대답한다.

작고 귀여웠던 아이들이 어느새 멋진 중고생들이 되어 있기에, 그때마다 아이들을 보면 시간이 너무 빨리 가고 있음을 새삼 느끼게 된다.

나는 이 친구들이 참 잘되길 바란다.

"얘들아, 잘 지내고 있지. 미나 언니야!
언니는 아이를 키우며 정신없이 바쁜 나날을 보내고 있어. 너희들은 어떻게 지내고 있는지 궁금하네.
아직도 티비 앞에 모여서 도란도란 수다 삼매경에 빠져있는지, 재밌는 춤을 추며 서로 낄낄대며 장난을 치고 있는지, 엄마 같은 선생님들께 청소하라고 폭풍 잔소리를 듣고 있는지, 선생님께 투정 부리며 매달리고 있는지, 동생들은 잘 보고 있는지…, 이제는 너무나 그리운 풍경이다.

문득문득 예전 삼혜원 시절이 한 번씩 생각나. 조금 더 특별한 사랑을 받아와서 그런지 더욱 그리울 때가 많네.

지금 그 특별한 사랑을 받으며 지내는 너희들을 응원해 주고 싶다.

너희들은 너무 멋지고 귀한 사람들이라고. 그래서 더 특별한 사랑 받는 거라고.

특별히 사랑받은 만큼 잘 지내다가 다음에 그 사랑을 남들에게도 잘 전할 줄 아는 사람이 되었으면 해.

나도 잘 해왔으니 너희도 그럴 거야. 힘내자!"

3부

토닥토닥

아빠가 남긴 상처

무더운 여름날에도 항상 긴팔 옷을 고집하는 푸름이.

8살 푸름이는 엄마가 일찍 집을 나가고 아빠와 둘이 살고 있었다. 삶의 무게에 짓눌린 아빠는 알코올에 의존하여 세상과 소통하려 했고 늘어가는 술주정에 비례해서 푸름이에 대한 폭력도 심해졌다.

어느 날 만취한 아빠는 칼을 들고 난동을 부리다가 푸름이의 팔에 깊고 긴 상처를 내고 말았다. 아무런 저항도 할 수 없고, 하지 못한 어린 푸름이는 온몸으로 아빠의 화풀이를 당할 뿐이었다.

친아빠가 친딸에게 칼로 깊고 긴 상처를 내기 전까지는 얼마나 많은 학대가 있었을까?

다행히 주위의 신고로 아빠는 체포되고 붉은 피가 뚝

뚝 떨어지던 푸름이는 병원으로 실려가 상처를 꿰매는 긴급 수술을 받아야 했다. 8살 어린 여자아이는 왼팔에 깊고 길게 난 흉터와 그 상처만큼 커다란 아픔을 간직한 채 아동보호 전문기관에서 일시적으로 생활하다 삼혜원으로 오게 되었다.

예전에 비해 근래 삼혜원에 들어오는 아이들은 부모의 이혼을 겪거나 학대에 시달리는 아이들이 많다. 푸름이 전에도 학대로 인해 입소한 아이들이 몇 있었지만 이렇게 깊은 상처를 가지고 들어온 경우는 처음이었다.

삼혜원에서는 새로운 아동이 들어오면 임상심리상담원, 간호사, 자립전담요원 등과 사회복지사인 어쩌다 엄마들이 모여 아동의 대처 방안에 대해 논의를 한다. 상처가 깊고 심한 푸름이는 더 많은 회의가 필요했다.

'부모가 자식을 어떻게 이렇게까지 아프게 할 수 있을까'라는 생각 때문에 회의는 항상 무겁게 진행될 수밖에 없었다.

아무리 더워도 반소매를 입지 않고 긴소매를 고집하며, 샤워할 때도 항상 혼자서만 하려고 하는 아이의 모습이 어쩌다 엄마들의 마음을 아프게 했다.

푸름이의 팔에 난 상처는 긴소매 옷으로 가릴 수 있지

만 마음에 깊게 패인 상처를 치유하는 일은 쉬운 일이 아니었다.

먼저 지금 푸름이 주위에는 칼로 생명을 위협하는 사람이 없는 안전한 환경이라는 것을 알리려고 노력했다. 푸름이도 또래 아이들과 어울리며 조금씩 삼혜원에 적응하는 모습을 보이며 성장해 갔다.

임상심리상담원은 푸름이의 상처를 치유하기 위해 상담을 시작했다. 대부분은 10회를 기준으로 상담을 하지만 푸름이는 그 기간이 더 길어질 수 있을 것으로 생각했다.

처음에는 아빠라는 단어에 아무런 표정의 변화도 없이 두려움과 공포의 눈길만 보이는 푸름이였다. 하지만 아빠라는 단어를 배제한 채 친구들과의 관계나 일상생활에 대한 상담이 진행될수록 푸름이는 조금씩 마음을 열어주었다. 쉽지 않고 느리지만 점점 삼혜원의 생활에 적응해 가는 푸름이의 모습에서 삼혜원이 푸름이의 집이 되어가고 있음을 느낄 수 있었다.

커서 무엇이 되고 싶냐고 물어보면 푸름이는 항상 경찰이 되고 싶다고 말했다. 상처 입고 힘들 때 자신을 도와준 경찰의 모습이 마음속 깊이 남아 있었나 보다.

학교생활에도 열심히 적응해 가던 푸름이가 한자 공부를 하고 싶다고 했다. 한자 공부에 필요한 자료를 구해주고 지도하니 처음에는 7급에 합격을 하였고 조금씩 단계가 올라 현재는 3급까지 취득한 상태다. 한자 공부가 재미있어 앞으로 꾸준히 공부해서 사범 급수까지 따고 싶다고 말하는 푸름이의 모습에서 칼에 베인 상처가 조금씩 아물어 가는 것을 느낄 수 있었다.

"저는 아빠가 밉지 않아요. 아빠가 저한테 실수해서 상처를 남겼지만 사람은 누구나 실수할 수 있잖아요."
10회기의 상담이 끝나갈 때쯤 푸름이는 담담하게 말

했다. 자신에게 그렇게 깊은 상처를 남긴 사람이지만 그래도 푸름이에게는 부르고 싶은 아빠였다.

"아빠 보고 싶어?" 하고 물으니 아무런 대답도 없이 왼팔의 상처를 어루만지며 고개를 숙이는 푸름이. 어릴 때 감당하기 어려운 상처를 받은 아이들에게 삼혜원의 임상심리상담원과 어쩌다 엄마는 꾸준한 노력과 정성을 쏟아 상처를 아물게 하고 흔적을 지워 나간다.

아동양육시설이 이 사회에 존재하는 이유이기도 하다.

커뮤니티케어(지역사회통합돌봄)라는 이름으로 입양이나 대체 가정을 추진하고 있는 현실이지만 한편으로는 전국 260여 개의 기존 아동양육시설에서 소외되거나 학대받는 아이들에게 전문적인 서비스를 제공할 수 있도록 지금보다 더 많은 관심과 지원이 필요한 시점이다.

자극이 필요한 진우

"아이 이름은 진우예요. 잘 부탁해요."

진우를 삼혜원에 두고 가는 할머니의 발걸음이 떨어지지 않는다.

한결이와 하준이가 들어오고 난 후 한동안 삼혜원에는 영유아의 입소가 많았다. 오늘은 생후 6개월 된 진우가 들어오기로 한 날이다.

진우를 데리고 온 할머니는 직원에게 깍듯이 인사를 했다.

"진우는 얌전해요. 잘 울지도 않고 시간 돼서 우유만 주면 잘 자고 잘 먹고 하니까 키우기 어렵지 않을 거예요."

6개월 진우를 삼혜원에 맡기는 게 미안했는지 할머니

는 진우가 얌전하다는 것을 강조했다. 지적장애가 있는 진우의 엄마는 미성년의 나이에 진우를 낳고 친정으로 가버리고 경계선 지능의 진우 아빠는 그런 엄마를 찾으러 나가서 오지 않았다.

희귀 질환을 앓고 있는 진우의 할머니는 자신의 몸을 움직이는 것도 힘이 들고 우유를 먹이는 것조차 힘든 상황이라 여기저기 알아보다 삼혜원에 진우를 보내기로 결정했다.

진우가 삼혜원에 온 첫날. 진우는 정말 아무것도 하지 않았다. 6개월 아기가 해야 하는 옹알이나 손발의 놀림 등 아무런 움직임 없이 그냥 눈만 깜빡깜빡. 우유를 주면 먹고, 먹고 나면 자고. 6개월 아이의 모습이 아니라 신생아의 모습이었다.

"아무래도 진우가 이상해요. 할머니는 얌전하다고 하셨는데 이건 얌전한 게 아닌 것 같아요."

진우를 담당한 어쩌다 엄마는 진우를 관찰해보니 여느 6개월 아이 같지 않다고 말했다. 며칠을 쭉 지켜보아도 진우는 정말 움직이지 않았다. 그 흔한 옹알이를 닮은 소리조차 내지 않아서 삼혜원에 아기가 있다는 것이 느껴지지 않을 정도였다.

간호사를 비롯한 어쩌다 엄마들은 진우의 상태와 관련된 회의를 여러 번 했다. 6개월 된 진우를 어떻게 잘 키워야 할지 고민을 하다 물리치료사에게 자문을 구했다. 뇌병변 장애가 있는 하준이와 발달장애가 있는 승진이를 치료해 주셨던 고마운 선생님이다.

"진우는 생후 6개월인데도 뒤집기, 배밀이 등 영아가 해야 하는 발달이 전혀 이루어지지 않았어요."

"그러니까요. 진우가 잘 자랐으면 좋겠는데 저희가 무얼 하면 될까요?"

"일단 진우를 많이 데리고 놀아주세요. 마사지도 많이 해주시고요."

"마사지요?"

"네. 진우에게 자극을 주고 움직일 수 있도록 해서 대근육 발달을 이끌어 내야 할 것 같아요."

이미 하준이와 승진이를 키워본 어쩌다 엄마들은 1주일에 한 번 받는 치료 서비스만으로 충분하지 않다는 것을 잘 알고 있다. 엄마들은 진우와 놀아주고 진우의 몸을 꾸준히 마사지 해주었다.

동시에 국가에서 지원해 주는 서비스를 받기로 하였다. 장애 등급이 없는 아동이 만 7세까지 서비스 지원을 받을 수 있는 발달재활바우처서비스를 주민센터에 신청했다. 얼마 후 서비스 대상자로 선정되어 주 2회 물리치료를 받을 수 있게 되었다.

치료 후에는 치료사가 진우에게 필요한 동작을 알려주었고 생활방에서도 진우를 운동시키면서 꾸준히 자극을 주었다.

진우와 놀면서 마사지를 해주다 보면 조금씩 웃고 있는 모습을 볼 수 있었다.

이렇게 열심히 6개월 정도 운동치료를 하고 나니 진우에게 반응이 나타났다.

"선생님, 진우가 혼자 움직여요. 손도 움직이고 발도 움직이고…."

"우리가 열심히 노력한 보람이 있네요."

지금까지 밀렸던 발달 단계를 따라잡기라도 하듯이 진우는 빠르게 성장해 나갔고, 두 돌 무렵이 되었을 때는 다른 아이들처럼 무리 없이 걸을 수 있게 되었다.

그러나 진우에게서 또다른 문제점이 발견되었다.

"진우가 옹알이를 잘 안 해요. 계속 노래도 불러주고 말도 시켜보고 하는데 말을 잘 안 하네요."

"눈맞춤도 잘 안되는 것 같아요."

"아직 아기이긴 한데 자폐 스펙트럼일 수 있을 것 같아 걱정이에요."

어쩌다 엄마들은 대화를 하면서 진우가 건강하지 않으면 어쩌지 하며 걱정을 했다.

일단 진우의 언어발달을 위해 언어치료 서비스를 연계하였다. 언어치료사는 진우와 놀이를 통해 진우의 발화를 이끌어 내려고 노력하였고, 진우의 작은 소리 하나에도 주목하며 치료를 진행하였다.

그렇게 꾸준히 2년간 언어치료를 받으며 진우의 발화

는 안정이 되었고 표현할 수 있는 언어도 빠르게 늘어갔다.

진우가 안정적으로 치료를 받기 위해서는 지원이 필요했다. 발달재활바우처서비스 이외에 초록우산 어린이재단, 지파운데이션 등 지원을 받을 수 있는 곳을 찾아서 치료비를 지원받으며 지금도 언어치료를 꾸준히 받고 있다.

올해 9살이 된 진우는 하교 후 직원에게 와서 많은 이야기를 한다.

"선생님, 진우는 노는 게 좋아요."

"오늘은 학교에서 승진이 형이 선생님 말씀을 안 들었어요."

"엄마! 우리 놀이터 가요."

원가정에서 적절한 시기에 주어져야 하는 자극이 주어지지 않은 아이들은 성장 발달에 지연을 보이는 경우가 많다. 이런 아이들에게 필요한 서비스를 제공하여 아이가 잘 자랄 수 있도록 도와주는 것도 어쩌다 엄마들의 몫이라 생각한다.

진우는 자폐 스펙트럼을 걱정했던 것에 비해서는 눈맞춤도 잘하는 사회성이 좋은 아이로 성장하고 있다. 물론 선천적인 영향으로 지적장애가 있어서 특수학교에 다니고 있지만 자신이 원하는 바를 표현하고 말할 줄 아는 즐겁고 행복한 아이로 성장하고 있다.

ADHD를 아시나요?

"ADHD 아동이 들어온다고요?"

"주의력 결핍에 과잉행동의 아이는 지도를 어떻게 해야 하나?"

"많이 산만하고 폭력적이면 어떻게 하죠?"

"다른 아이들에게 피해를 주지는 않을까요?"

서원이는 원가정의 학대(방임)로 아동보호전문기관에서 삼혜원에 입소 의뢰를 한 아이다. 그동안 ADHD가 의심되는 아동은 있었지만 병원에서 진단을 받아 약을 먹는 아동은 처음이었기에 어쩌다 엄마들은 걱정이 되었다.

입소 첫날부터 서원이는 생각했던 것보다 더 대단했다. 어쩌다 엄마들과의 인사보다는 삼혜원의 온 방들을 바쁘게 돌아다니며 구경하더니 급기야 같은 방을 쓰기로 한 경원이와의 다툼으로 삼혜원 생활의 시작을 알렸다.

ADHD 아이들은 충동적이고 산만한 행동 때문에 야단이나 꾸중과 같은 부정적인 이야기를 자주 듣게 된다. 따라서 주변에서 말 안 듣는 아이나 문제아로 평가되기 쉽다. 그러다 보니 자기 스스로도 뭐든 잘못하거나 나쁜 아이로 생각하는 일이 많다. 이런 일이 반복되다 보면 아이는 더욱 자신감이 없어지고 또래 관계에 어려움도 생기게 된다.

서원이는 ADHD뿐만 아니라 폭력성도 가지고 있어서 어쩌다 엄마들이 모여 어떻게 지원을 해야 할지 논의를 많이 했다.

"서원이를 어떻게 지도해야 될까요?"

"일단은 101호 엄마들 모두가 똑같이 서원이를 대해야 합니다. 규칙을 정하시고 그 규칙을 서원이가 지킬 수 있도록 해주는데 항상 일관성 있게 지도를 해야 해요."

"서원이 마음을 보듬어 주는 일도 필요합니다."

"서원이가 약물을 복용하고 있는데 지금까지 먹다 말다 하면서 제대로 먹지 않았다고 해요. 약을 제시간에 잘 복용하도록 지도하는 것도 중요합니다."

"학교 선생님과 같은 방에서 생활하는 아이들에게도 서원이의 상태를 설명하고 이해를 부탁해야 해요."

서원이의 사례회의를 하면서 이런저런 의견이 나왔고 상담치료, 약물복용을 진행하면서 서원이에 대한 일지를 더 철저히 기록해 정보를 모두가 공유하기로 했다.

101호 어쩌다 엄마들은 서원이에게 생활 규칙을 알려주고 지켜야 하는 당위성도 설명하였다.

"서원아! 이제부터 삼혜원이 서원이의 집이야. 이곳은 서원이 외에도 여러 명이 생활하니까 다른 친구들과 같이 규칙을 잘 지켜주면 좋겠어."

주의력이 부족한 서원이는 선생님의 말은 듣는 둥 마는 둥 다른 곳을 보느라 분주한 모습이었다.

어쩌다 엄마들은 임상심리상담원과 함께 ADHD에 대한 자료를 찾아보고 공부를 했다. 교육이 있을 때는 전문가에게 서원이의 상태를 공유하며 ADHD 아동을 양육하는 방법을 배우려고 많은 노력을 했다.

ADHD 아동에게는 비타민이 중요하다고 하여 비타민제를 복용할 수 있도록 준비하였다. 대추차를 먹으면 심리적 안정에 도움이 된다는 영양사의 조언에 서원이에게 매일 대추차도 제공하기로 했다.

생활하는 도중 서원이가 가끔 욱하면서 모두를 긴장시키기도 했지만 결정적인 순간에 참으려고 하는 모습을 보이며 폭력적인 행동이 조금씩 줄어들고 있다.

학교에서도 혼나는 횟수가 줄어들었고 친구들과의 관계도 많이 좋아졌다. 꾸준하게 진행하는 상담치료와 약물복용을 제때 했던 것이 큰 효과를 본 것이다.

이러한 노력으로 어느 정도 안정되었다는 의사의 소견을 받아 약물도 줄이고 있는 과정이다.

현재 초등학교 4학년인 서원이는 ADHD에 대한 완치 판정을 받지는 못했다. 하지만, 서원이가 삼혜원에서 퇴소할 무렵에는 ADHD 때문에 난처하거나 어려움을 겪는 일은 없었으면 하는 바람으로 어쩌다 엄마들은 열심히 노력하고 있다.

죄책감,

　　그게 뭐죠?

"112입니다! 무엇을 도와드릴까요?"

형아들에게 억지를 부리다 쫓겨난 동준이는 씩씩거리면서 전화기를 아무렇게나 누르다 막상 통화가 연결되자 당황했다. 한참을 전화기를 들고 있다가 "나! 삼혜원 김동준!" 하더니 전화기를 던지고 냅다 밖으로 뛰어나갔다.

한가한 일요일 오전 101호 생활방에서 일어난 일이었고 담당교사나 다른 아이들도 동준이가 무슨 행동을 했는지 알 수 없었다. 하지만 그 전화 한 통으로 인해 삼혜원이 며칠간 복잡하게 돌아가리라고는 동준이는 물론 아무도 몰랐다.

　8살 동준이는 품행장애가 의심되는 아동이며 그대로 성장한다면 반사회성 인격장애, 보통 말하는 사이코패스로 발전할 가능성이 많은 아이다.

　현재까지 알려진 바로 반사회성 인격장애는 유전적인 요인이 많이 작용하며 열악한 양육환경도 작용하는 것으로 알려져 있다. 10세 이전에 품행장애가 시작된 경우, 품행장애가 지속적으로 나타나며 반사회성 인격장애로 발전될 가능성도 높다는 연구결과도 있다.

　몇 년 전 학대 신고가 들어와 동준이를 처음 데리러 갔을 때 동준이는 혼자 방 안에 갇혀있었다. 커다란 자물쇠로 굳게 잠긴 방문을 열면서 할머니는 동준이가 하도 말을 안 듣고 말썽을 피우니까 밖에 나갈 때는 방문을 밖에서 잠글 수밖에 없다고 했다.

　방 안에 홀로 남겨진 동준이는 발 디딜 틈 없이 어질러진 방 안에 방치되어 있었다. 방 안의 모든 가구를 헤집어 꺼내 놓은 옷가지와 물건들이 쓰레기와 함께 방바닥에 널려있었고, 동준이는 방바닥에 넘어진 TV를 의자 삼아 걸터앉아 놀고 있었다.

　네 살이 되도록 제대로 된 양육은커녕 가족과 일상적인 대화도 거의 나누어 본 적이 없고, 밖으로 나가지도 못한 채 홀로 방에서 생활한 동준이.

　가끔 나타나는 동준이 아빠는 그저 동준이를 때리는

것만이 아빠의 사랑이라고 믿는 사람이었다.

　이웃의 신고로 어렵사리 삼혜원으로 오게 되었으나 동준이는 인격이 형성되는 중요한 시기에 최악의 양육환경에 노출되어 있었고 동준이 아빠를 보면 유전적인 요인도 있을 것으로 짐작이 되는 상황이었다.

　그때 전화벨이 울렸다.

　"거기 삼혜원인가요?"

　"네, 맞습니다. 누구신가요?"

　"경찰서인데요. 김동준 아동 있나요?"

　"네, 저희 방 아이인데 무슨 일이신가요?"

　"김동준 아동의 신변에 이상이 있나요? 신고가 들어왔어요."

　"동준이는 지금 잘 놀고 있는데요."

　"저희 지금 출동합니다."

　잘못한 것도 없는 3개월 차 어쩌다 아빠는 덜컥 겁이 났다.

잠시 후 경찰관이 도착했고 동준이를 찾더니 이것저것을 묻고 다른 아이들에게도 질문을 했다. 112에 전화한 것도 잊은 동준이는 아무 일 없었다는 듯이 웃으면서 놀고 있었고 다른 아이들은 평소에도 동준이가 말썽을 많이 피운다는 이야기를 했다.

어쩌다 아빠는 동준이의 생활일지를 펴 보이며 동준이의 평소 행동과 삼혜원에서 동준이에게 제공한 서비스와 치료 등에 대해 떨리는 목소리로 설명했다. 학대 행위가 없었다고 판단한 경찰관은 동준이에게 "앞으로 함부로 전화하면 안 돼!" 하고는 돌아갔다.

아동학대가 사회의 주요 이슈가 되고 있지만 112 전화한 통에 이렇게 빨리 경찰이 출동해서 현장을 확인하는 모습에 삼혜원의 모든 어쩌다 엄마들은 놀랐다.

그렇게 끝난 줄 알았는데 다음날. 이번에는 다른 경찰관이 방문을 했다. 다시 동준이에게 이것저것 물어보더니 다른 아이들까지 불러 많은 질문을 했다.

뭔가 미심쩍다는 표정의 경찰관은 삼혜원을 한 바퀴 돌아봤고 그 뒤를 따르는 어쩌다 엄마는 예상치 못한 상황에 긴장이 되어 어쩔 줄 몰라 했다.

다시 동준이의 생활일지를 펴 보이며 동준이의 입소 경위와 그 후 삼혜원에서 제공한 생활지도나 치료에 대해 자세한 설명을 했다. 그제야 의심이 풀린 듯 경찰관은 "힘들겠지만 아이들 잘 지도해 주세요"라는 한마디를 남기고 돌아갔다.

경찰관들이 다녀간 상황에 대해 어쩌다 엄마들끼리 이야기를 나누면서 새삼 생활일지의 중요성과 기록을 더 꼼꼼하게 해야겠다고 다짐하고 있을 때, 이번에는 시청 아동보호 팀에서 조사를 나왔다.

동준이의 전화 한 통으로 삼혜원 어쩌다 엄마들은 이틀 동안 들이닥치는 반갑지 않은 손님들에게 이런저런 설명을 열심히 해야 했다.

전화를 한 동준이는 자신의 행동으로 인해 어쩌다 엄마

들이 불려 다니며 힘들어하는 모습을 즐기는 아이였다.

    거짓말, 분노조절장애, 도둑질, 폭력성 등의 특징을 보이는 품행장애는 유아기와 아동기를 거쳐 청소년기에 더욱 악화된 형태로 발전하여 성인이 되면 반사회성 인격장애(사이코패스)가 된다.

    자신의 행동으로 인해 타인에게 피해를 끼쳤을 때 조금이라도 미안한 감정을 지니게 되면 치료가 가능하나 자신의 행동을 즐기게 되면 치료가 매우 어렵다고 알려져 있다.

    자신의 잘못된 행동으로 인해 직원들이 힘들어하는 모습을 즐기는 동준이의 품행장애를 조금이라도 치유하기 위해서는 지금보다 더 전문적인 치료사가 삼혜원에 필요하다. 아동양육시설에 전문인력을 지원하면 동준이 같은 아이가 성인이 되어 반사회성 인격장애로 인해 사회에 끼치는 손실을 줄일 수 있을 것이다.

전화 사건 이후로도 동준이는 학교와 삼혜원에 불을 지르기도 했는데 다행히 일찍 발견해서 큰 사건으로 번지지는 않았다. 그 외에도 마트에서 물건을 훔치다 걸리는 일이 잦았고, 그때마다 어쩌다 엄마들이 가서 잘못을 빌고 사과할 때도 동준이는 아무런 미안한 표정이 없었다.

선생님 말씀을 안 듣고 친구나 동생들을 때리며 괴롭히는 일들을 별다른 죄의식 없이 아무렇지도 않게 저지르는 동준이의 모습이 모든 어쩌다 엄마들의 마음을 무너지게 한다.

'사랑의 매는 없다. 단 한 대도 안 된다'는 삼혜원의 방침 때문이기도 하지만 직원 1명이 7명의 아이들을 돌봐야 하는 아동양육시설에서 동준이를 지도하는 것에는 한계가 있다. 병원에 입원 의뢰도 해보았지만 동준이의 나이가 너무 어리다는 이유로 그 마저도 거절을 당했다.

품행장애의 아동이 성인이 되어 반사회성 인격장애로

발전되어 사회에 더 커다란 손해를 입히지 않도록 아동기에 최선을 다해 치료를 하고자 노력하는 어쩌다 엄마들의 시커멓게 타들어 가는 마음을 사회에서 조금이라도 알아주었으면 좋겠다.

※아동학대

'아동학대란, 보호자를 포함한 성인에 의하여 아동의 건강 및 복지를 해치거나 정상적인 발달을 저해할 수 있는 신체적, 정신적, 성적 폭력 또는 가혹 행위 및 아동의 보호자에 의하여 이루어지는 유기와 방임을 말한다'라고 규정(아동복지법 제3조 제7항)하여, 적극적인 가해 행위뿐만 아니라 소극적인 의미의 방임 행위까지 아동학대의 정의에 포함한다.

삼혜원에서는 아동학대를 예방하기 위해 인권함 설치, 매년 1회 인권교육, 2회 정기상담, 아동학대 예방 교육, 신고 의무자 교육 등 다양한 방법으로 아동의 인권을 보호하기 위해 노력하고 있다.

학대의 주체는 부모가 80%를 차지한다.

하나뿐인 내 편

삼혜원에는 어쩌다 엄마·아빠와 아이가 1:1로 관계를 맺는 멘토-멘티 프로그램이 있다. 1년에 한 번씩 아이들의 의견을 반영하여 멘토-멘티를 정하는데, 아이가 원하는 어쩌다 엄마·아빠가 멘토가 되어 아이의 학교 생활, 삼혜원 생활, 친구 관계, 진로 등 아이의 모든 고민을 듣고 조언도 해주고 지지해 주고 격려해 주는 정말 하나뿐인 내 편이 되는 것이다.

올해 어쩌다 아빠는 승환이와 멘토-멘티가 되었다. 승환이가 교사를 찾아와서는 들뜬 표정으로 말했다.

"선생님, 저 선생님이랑 멘토-멘티래요."

"승환아, 멘토-멘티가 뭔지 알고 그렇게 좋아하는 거

니?"

"저 알아요! 제가 모르는 게 있으면 언제든지 편하게 물어볼 수 있는 선생님이 멘토예요. 그게 바로 선생님이에요."

승환이의 당당하고 즐거운 표정에 어쩌다 아빠는 삼혜원 입사를 위해 실습 왔던 날이 떠올랐다.

다른 아이들보다 유독 밥을 늦게 먹고, 화장실에서도 오래 있었던 승환이.

"승환이가 밥을 늦게 먹는구나"라고 한마디 한 것뿐인데, 승환이는 환하게 웃으면서 대답을 해왔다.

"제 성격이 느린 편이어서 그래요."

그것이 어찌나 인상적이었던지 '입사하게 된다면 정말 잘해주고 싶은 아이네'라는 생각이 들었다.

그렇게 실습을 마치고 퇴근하려고 나오는데, 멀리서 승환이가 우렁차게 인사를 했다.

"선생님, 안녕히 가세요!"

비록 같이 보낸 시간은 반나절이었지만, 어쩌다 아빠는 승환이의 그 인사가 너무 좋았다.

그렇게 승환이와 인연이 시작되었고, 입사 후에도 잘 지내는 아이 중의 한 명이다. 그리고 이제 멘토-멘티가 되었다고 한다.

"선생님, 우리 멘토-멘티 활동 언제 가요?"

어쩌다 아빠를 볼 때마다 승환이는 물어본다.

"승환아, 왜 그렇게 멘토-멘티 활동을 가고 싶어 하는 거야?"

"선생님이랑 데이트하는 날이잖아요. 이야기도 하고 궁금한 것도 물어보고, 그리고 가장 중요한… 음… 맛있는 거 먹으러 가잖아요."

소풍 전날 들뜬 표정을 짓는 아이처럼 대답하는 승환이가 너무 귀엽다.

"그래, 그럼 우리 그날 만나서 뭐 할 건지 정해보자."

"야호, 신난다."

어쩌다 아빠는 승환이랑 멘토-멘티 활동을 할 때 거창한 계획이나 목표를 세우기보다는 '아이의 이야기 잘 들어주기, 나의 어린 시절 경험 이야기해 주기, 승환이가 좋아하는 삼촌, 형아 그리고 친구가 되어주기'를 하기로 마음먹었다.

멘토-멘티 활동 날이면 분식집에 가서 실컷 떡볶이를 먹었고, PC방에 가서 승환이가 좋아하는 게임을 같이 했다. 하루는 바닷가 모래사장에 앉아서 승환이가 가장 좋아하는 초코에몽을 먹으며 '여수 밤바다' 노래를 같이 들었다. 이렇게 멘토-멘티 활동을 하면서 승환이와 어쩌다 아빠는 서로 잊지 못할 추억을 만들었다.

승환이와 동심으로 돌아가서 재밌게 놀다 보니 어느새 승환이와 마지막 멘토-멘티 활동이 있는 날이 왔다.

"승환아, 지난 1년 동안 선생님이랑 멘토 멘티 활동하면서 가장 기억에 남는 것은 뭐였어?"

승환이는 고민 없이 바로 대답했다.

"PC방에서 선생님이랑 같이 게임한 것이랑 여수 밤바다 봤던 거요!"

"고맙다. 선생님이랑 1년 동안 활동했던 거를 기억해 줘서."

"당연하죠. 제가 어떻게 잊겠어요. 선생님이랑 너무너

무 좋은 추억이 많은데. 그리고 선생님, 제일 좋았던 거는요. 선생님이 하나뿐인 내 편이었던 거예요!"

"내가 승환이 편이었다고?"

"당연하죠. 선생님은 제가 무슨 이야기를 해도 다 들어주셨잖아요. 그럼 제 편인 거죠. 저는 그게 너무 좋았어요."

아이들과 함께하는 멘토-멘티 활동은 어쩌다 엄마·아빠가 편한 시간에 진행하는 것이 아니라 아이들의 일정에 맞춘다. 그러다 보니 어느 날은 퇴근하고 나서, 또 어느 날은 쉬는 날 시간을 쪼개어 만날 때도 있다.

멘토-멘티 활동이 어쩌다 엄마·아빠에게 편한 것만은 아니지만, 아이들과 최선을 다해서 관계를 맺기 위해 노력하고 아이들의 진짜 하나뿐인 내 편이 되어주기 위해 노력하는 시간이다. 이런 어쩌다 엄마·아빠의 수고를 아는지 아이들은 멘토-멘티 활동을 좋아한다.

"애들아~ 우리는 언제나 너희를 항상 응원하고 격려하는 하나뿐인 네 편이란다."

그래도 결이 엄마!

결이는 10개월 때 삼혜원에 들어왔다. 추운 겨울이었는데도 얇은 가을 옷에 맨발로 얇은 포대기에 업혀있었다. 포대기 너머로 우리를 바라보던 결이의 뺨은 빨갛게 얼어있었다.

　엄마는 결이를 삼혜원에 맡겨두고 떠났다. 결이는 아는지 모르는지 해맑은 웃음으로 우리를 쳐다보았다. 하지만 밤이 되어도 엄마가 오지 않는다는 것을 알았는지 울기 시작하였다.

　결이와 첫날밤.

　담당 어쩌다 엄마는 한숨도 자지 못하고 결이를 달래야 했다.

엄마는 이혼하면서 혼자 결이를 키울 형편이 되지 않아 삼혜원에 맡기게 되었다. 처음에 엄마는 초등학생이 되기 전에 데리고 가겠다고 말했지만 그 약속은 지켜지지 않았고 중학교에 입학하도록 결이는 여전히 삼혜원에서 생활하고 있다.

결이는 어려서부터 유난히 가족에 대한 애착이 심했던 아이다. 5살 무렵, 어쩌다 엄마와 결이가 함께 마트에 가서 장을 보던 날이었다. 결이가 한 곳을 뚫어지게 보고 있었다. 어린 아이를 카트에 태워 엄마, 아빠가 웃으면서 함께 밀고 가는 모습이었다.

그 이후로도 마트나 공원에 갈 때면 엄마 아빠와 함께 있는 아이들의 모습을 아무런 표정이 없이 물끄러미 한참을 쳐다보는 결이었다. 어린 결이에게 물어볼 수는 없었지만 결이의 마음을 읽을 수는 있었다.

사랑받고 싶은 욕구가 강한 결이는 많은 어쩌다 엄마들을 혼자서만 사랑하고, 혼자만 사랑받고 싶어 해 다른 아이들과 다툼이 많았다. 특히 지성 엄마가 다른 친구를 안고 있으면 그 틈 사이를 파고들어 친구를 밀어내고 혼자서 독차지해야만 직성이 풀리는 아이였다.

하지만 막상 친엄마가 결이를 보러 왔을 때는 쭈뼛거리면서 쉽게 다가가지 못한 결이. 너무 보고 싶은 엄마여

서일까? 결이는 엄마의 손을 꼬옥 잡고만 있을 뿐, 하고 싶은 말이 너무 많아서인지 오히려 별다른 말도 하지 않았다.

어느새 많이 커버린 결이. 속마음을 잘 표현하지 않는 결이가 시무룩하니 비가 오는 창밖을 내다보고 있었다.

"결아, 왜 그래 기분이 안 좋아?"

"…."

"친구랑 싸웠어?"

무심한 눈길로 창밖을 내다보며 아무런 대답도 없이 한참을 서 있더니 힘없는 소리로 말했다.

"내가 기다려도 엄마가 안 오잖아요. 진짜 엄마가 지난번에 갈 때 다음 달에 또 온다고 했는데, 오늘이 그날인데…."

엄마에 대한 사랑과 그리움이 사무치는 결이의 마음에 어쩌다 엄마는 가슴이 시렸다.

삼혜원에 살고 있는 아이들의 대부분은 가족과 함께 살기를 소망한다. 학대받던 아이들도 가족을 그리워하는데 결이처럼 경제적인 이유로 엄마와 떨어져 사는 아이들은 그 그리움이 더욱 진하게 가슴에 남아 있다.

가끔 딸을 보러 찾아오는 결이 엄마는 미안한 마음에 "조금만 기다려! 다음 달에 또 올게" 하고 말하며 뒤돌아선다. 결이는 가슴속 깊은 곳에 엄마의 '조금만'과 '다음 달'을 되새기면서 하루하루를 보낸다. 기다림에 지친 결이는 꿈속에서라도 엄마를 만날 것을 기대하면서 잠이 든다.

결이가 삼혜원에서 열여덟 어른이 되어 나갈지 그 전에 엄마와 함께 살게 될지는 아무도 모르지만 결이가 나가는 날까지 삼혜원은 결이에게 집이다. 그런 결이를 어쩌다 엄마들이 든든히 지킨다.

4부

전하지 못한 진심

결이의 두 엄마

보고 싶은 나의 보름달 같은 엄마!

안녕 엄마.

나 결이야. 벌써 2023년이 되었고 엄마를 못 본 지 4년이라는 시간이 흘렀네. 엄마한테 쓰는 편지가 처음이라서 어떤 말부터 적어야 할지 무슨 말을 해야 할지 잘 모르겠어. 그래도 내 마음을 꾹꾹 눌러 담아서 적어볼게. 엄마의 마음으로 읽어주길 바라.

엄마! 내가 돌도 되기 전에 삼혜원에 들어와서 살았는데 벌써 14살이 되었어. 7살 때 엄마 집에 가서 엄마가 회사에 가지 않고 나랑 함께 TV도 보고 내가 먹고 싶다고 했던 떡볶이도 만들어 주고 같이 목욕도 했던 그때가 가끔씩 생각나서 눈물이 날 때가 있어. 지금 생각해 보면 조금이라도 엄마 얼굴을 선명하게 기억할 수 있도록 사진이라도 찍어 놓을 걸 하는 아쉬운 마음이 들어.

지금도 엄마랑 가보고 싶은 곳도 많고 해보고 싶은 것들도 많아.

엄마랑 물놀이도 하고 여행도 가고 싶고 단둘이 영화관에 가서 팝콘을 먹으며 7살 때 TV를 보며 맛있는 걸 먹었던 추억을 다시 느끼고 싶어.

지금 엄마가 큰 호텔에서 열심히 일하고 있다고 들었는데 엄마 많이 힘들지?

엄마가 내 편지를 보고 힘이 나면 좋겠고 힘이 날 수 있다면 나 힘들어도 다시 한번 연필을 잡고 엄마를 위해서 엄마한테 편지를 쓸 거야.

엄마를 지금 만난다면 이제는 내가 엄마보다 더 키가 클 것 같아. 요즘 부쩍 키가 크는 것을 느껴.

키 좀 컸다고 설마 나를 못 알아보지는 않겠지? 한눈에 알아보고 꼬옥 안아줬으면 좋겠어.

내가 삼혜원에서 잘 먹고 무럭무럭 자라서 엄마의 든든한 자랑이 될게. 그리고 엄마가 아프지 않고 항상 힘이 나도록 기도할게.

엄마! 일 안 바빠지면 그때는 꼭 나 보러 와야 해.

그때까지 결코 울지 않고 기다릴게.

진짜 많이 보고 싶고 많이 사랑해.

엄마가 보고 싶은 결이가

OO중학교 1학년 김*결

구름처럼 부드러운 지성 엄마!

내가 삼혜원에서 제일 사랑하는 지성 엄마! 저 결이
에요.

지성 엄마는 처음부터 지금까지 13년 동안 저를 지켜

주고 항상 사랑으로 감싸 주셨잖아요. 그래서 저는 엄마가 너무 좋아요.

엄마! 저 6살 때 기억나요?

저는 그때가 가끔 그리워서 우리를 촬영했던 MBC '휴먼다큐 사랑'을 찾아보곤 해요. 볼 때마다 느끼지만 지성 엄마는 한결같아요.

저 6살 때도 저를 정말 많이 안아주시고 저를 사랑해 주셨는데 지금도 사랑해 주시잖아요.

제가 삼혜원에서 13년 동안 많은 엄마가 절 키워주셨는데 지금까지 제 옆에서 한결같이 절 사랑해 주시는 지성 엄마가 저는 제일 좋아요.

지성 엄마!

다른 친구들이 집에 가는 명절 때면 "우리 결이도 엄마 집 가자!"라고 말하면서 저 데리고 엄마 집에 가서 재미있는 게임도 하게 해주고 맛있는 음식도 만들어 주셨는데 저는 그때가 너무 좋았어요.

2년 전에 엄마랑 도시락 싸서 낭도 트레킹 갔잖아요. 거기서 손잡고 걸으면서 이야기도 나누며 지성 엄마와 같이 바라봤던 낭도 앞바다에 대한 기억이 너무 생생하고 행복했어요.

그래서 저는 지성 엄마가 너무 좋아요. 특히 지성 엄마가 절 꽉 안아주면 구름처럼 부드러워요.

지성 엄마!

제가 20살이 될 때까지 삼혜원과 함께 지금처럼 제 옆에 꼭 있어 주세요. 제가 어른이 되면 꼭 지성 엄마한테 드리고 싶은 선물이 있거든요.

그때까지 어디 가지 말고 결이 옆에 꼭 있어 주세요.

사랑해요. 지성 엄마.

고마워요. 지성 엄마.

가끔은 지성 엄마가 진짜 내 엄마였으면 좋겠어요!

지성 엄마를 엄청 사랑하는 삼혜원 결이가

OO중학교 1학년 김*결

할머니의 사랑

할머니

내 목소리가 들리지 않아도

할머니는 내 마음을 척척 알아요.

나에게 말을 하지 않아도
할머니의 사랑을 느낄 수 있어요.
지금껏 사랑으로
나를 키워준 우리 할머니

말하지 않아도
들리지 않아도
나는 알 수 있어요.

할머니의 깊은 사랑을
알 수 있어요.

사랑합니다.
사랑합니다.

하나뿐인
언제나 내 편인

우리 할머니

고맙습니다.

OO초등학교 5학년 김*아

보고 싶은 아빠

세상에 하나뿐인 이 씨네 임금님 우리 아빠께!

아빠!

우리 아빠!

세상에 하나뿐인 내 사랑 우리 아빠!

아빠!

제가 삼혜원에 입소한 지도 벌써 4년이 지났어요.

그런데 저는 예전이나 지금이나 여전히 '아빠'라는 단어만 나오면 자꾸 눈물이 맺혀요. 그래서 가끔은 삼혜원 엄마들이 저에게 울보라고 놀리기도 해요.

아빠는 저에게 그림자 같아요. 제가 슬픈 일이 있거나 힘든 일이 있으면 언제나 그림자처럼 제 뒤에서 위로해 주시잖아요.

아빠, 저도 중학교 1학년이 되니 아빠의 커다란 마음을 느낄 수 있어요. 우리 아빠는 부끄러움이 많아 구름 뒤에 숨어 있는 햇빛이라는 걸 이제는 저도 알아요. 햇빛은 부끄러움이 많아서 가끔 구름 뒤에 숨지만, 그 안에 뜨거운 사랑이 있다는 걸 잘 알거든요.

사실 몇 년 전에는 아빠가 사랑한다는 말을 자주 안 해

주셔서 '아빠가 날 조금만 사랑하나?'라고 느낄 때도 있었어요.

근데 이제 14살이 되어 보니 말로만 하는 게 꼭 진실한 사랑이 아니라는 걸 알 수 있어요.

그리고 요즘에는 제가 먼저 "아빠! 사랑해"라고 말하면 아빠도 작은 목소리지만 "나도 우리 딸 사랑해"라고 말해 주시잖아요. 전 그런 말을 해주는 아빠가 너무너무 좋아요.

아빠, 사실은 4년 전 제가 삼혜원에 처음 동생이랑 입소했을 때 아빠랑 같이 살지 못하는 것에 대해 아빠를 원망하기도 했어요.

하지만 지금은 아빠 마음을 충분히 이해해요. 아빠가 다른 지역에서 일하시느라 잠시 우리를 삼혜원에 대신 봐달라고 부탁했다는 거 삼혜원 엄마들에게 들어서 알고 있거든요.

이런 마음을 알기까지 저도 4년 정도가 걸렸으니 아마

준이도 초등학교 6학년 정도 되면 아빠 마음을 이해할 수 있을 거예요.

아빠, 6월인데도 정말 날씨가 너무 더워요. 7월이면 지금보다 훨씬 더 더운 폭염이 오겠죠? 더워진 날씨에 아빠가 땀 흘리면서 일하실 걸 생각하니 마음이 아파요.

그래도 아빠 딸 진이는 울지 않을 거예요.

아빠! 제가 자주 '감사합니다, 사랑합니다, 고맙습니다'라는 말을 못 하지만 제 마음 알죠?

(아빠 닮아 쑥스러움이 많지만 진짜 마음속으로는 최고로 사랑해요 ♡)

아빠를 해수욕장 모래 알갱이만큼 사랑하는 딸 올림
○○중학교 1학년 이*진

막내딸의 소원

나만의 트로트 여신께!

엄마!

나를 위해 뇌졸중이라는 괴롭고 힘든 병을 견뎌줘서

고마워.

엄마가 식당에서 쓰러져 병원에 실려 갔다는 말을 처음 들었을 때 너무 슬퍼서 많이 울었어. 그리고 '나 때문에 엄마가 쓰러진 건 아닐까?'라는 생각까지 들었어.

엄마가 쓰러진 몇 주 뒤 오빠와 함께 깨어난 엄마를 보러 갔을 때는 '내가 울면 엄마가 더 슬퍼할 테니 절대 울지 말자'고 속으로 다짐하고 또 다짐했어.

엄마가 그때 나를 못 알아보는 걸 보고선 당황해서 아무 생각도 들지 않았어.

그런데 이상하게 여름인데 엄마가 손에 장갑 같은 걸 끼고 있어서 오빠에게 물어보니 엄마가 계속 내 이름을 부르면서 나가려고 했다면서. 그래서 간호사님들이 엄마 손에 장갑을 씌우고 침대에 고정시켰다는 말을 들었을 때 정말 눈물이 왈칵 쏟아졌어.

엄마에게 못했던 일만 생각나고 혹시 엄마가 어떻게 될까 봐 무서웠어.

그런데 몇 주 뒤 다시 병원에 가니 엄마가 날 알아보고 "내 딸아!"라고 불렀지. 그때 정말 기분이 너무너무 좋았어. 그렇게 몇 달 후 내가 삼혜원에 들어오게 됐지.

내가 삼혜원에 들어갔을 때가 초등학교 3학년이었는데 벌써 5년이 지났네. 그 사이 재활병원에서 엄마가 다시 조금씩 걷게 되고 손도 예전보다 많이 움직일 수 있게 돼 너무너무 기뻐.

삼혜원에서 작년에 다 같이 제주도를 다녀왔는데, 그때 '엄마랑 손잡고 제주도 바닷가를 걸으면 어떨까. 다음에 돈 많이 벌어서 꼭 엄마 손잡고 다시 와야지' 하는 생각이 들었어.

우리 꼭 손잡고 아빠와 함께 제주도에 가자!

엄마! 여전히 트로트 여신이지?

가수 장윤정을 좋아하고 트로트 노래도 진짜 잘 불렀는데 노래 실력 여전하지?

엄마! 평소에 가고 싶어 했던 해외여행도 내가 꼭 보내 줄 테니 재활치료 잘 받자.

나도 공부 열심히 하고 엄마가 지어준 이름처럼 엄마 에게 은혜 갚는 딸이 되도록 노력할게.

그때까지 내 옆에 있어 줄 거지?

세상에서 엄마를 제일 사랑하는 막내딸 올림
OO초등학교 6학년 김*혜

하늘에 있는 엄마

밤하늘의 별이 된 우리 엄마!

엄마, 저 엄마의 하나뿐인 귀염둥이 막내딸이에요.

6살 때 엄마가 하늘나라에 가시고 벌써 8년이 지나 저는 교복을 입는 중학교 1학년 숙녀가 되었어요.

그때는 무서워서 절대 혼자 못 잔다고 울어서 엄마를 꼬옥 껴안고 자던 제가 지금은 혼자 잠도 잘 자고 있어요. 엄마가 지금 제 모습을 보면 아마 기특하다고 볼에 뽀뽀를 100번 해줬을 텐데….

엄마! 저 키도 엄청 커서 조금 있으면 엄마 키보다 더 클 것 같아요. 엄마 옆에 서서 서로 키재기도 해보고 싶고 같이 손잡고 엄마가 좋아하던 만두도 먹으러 가고 싶고, 같이 옷도 사러 가고 싶고…. 진짜 하고 싶은 게 너무 많은데 같이 하지 못하는 게 매우 슬퍼요.

7살 졸업식 때 친구들은 다 엄마, 아빠가 오셨는데 저 혼자 아빠만 오시고 엄마가 오지 않아서 속상했지만, 아빠가 이런 사실을 안다면 아빠의 마음이 아플 것 같아서 티를 내지는 않았어요.

속상한 제 마음은 엄마만 아는 걸로 해요. 쉿!

며칠 전에는 학교에서 공개수업을 했어요. 다른 친구

들은 복도 창문을 보면서 엄마를 찾아 인사를 하는데 저는 운동장 쪽 창문을 통해 하늘을 보며 엄마를 생각했어요.

'분명 우리 엄마도 나 수업하는 거 보고 있을 거야' 그렇게 생각하고 발표도 잘해서 선생님께 칭찬도 받았어요. 그리고 삼혜원 선생님이 오셔서 엄마 대신 반갑게 인사를 해주셨어요. 엄마의 빈자리를 삼혜원 선생님들과 아빠가 채워주고 있으니 하늘에서 너무 울거나 걱정은 하지 말아요. 저 씩씩하게 잘 지내고 있으니까요.

엄마랑 손잡고 유치원에 간 기억이 아직도 생생하게 나는데 벌써 8년이라는 시간이 지난 게 믿기지 않아요. 제가 이렇게 행복하게 웃을 수 있는 건 엄마 덕분이에요. 비록 지금 당장 엄마를 볼 수는 없지만 하늘을 보면 엄마가 환하게 웃고 있을거라 생각해요.

저한테는 엄마가 제일 예쁘고 빛나는 사람이니까 별 중에서 제일 반짝이는 별이 엄마별이라고 생각하고 밤

이면 창밖으로 매일 손 흔들고 있어요. 엄마도 지금처럼
지켜보면서 '우리 현미 잘하네~'라고 칭찬해 주세요.

　밤하늘의 별보다 예쁜 우리 엄마!
　제가 많이 보고 싶어 하는 거 잊지 마세요.
　고맙고 사랑해요.

하나뿐인 엄마 딸 올림
OO중학교 1학년 박*미

베트남 외할아버지

병아리 하면 생각나는 나의 외할아버지께

외할아버지 Xio chao! (안녕하세요)

외할아버지께서 그렇게 이뻐해 주던 손녀딸이에요. 가

끔 길에서 할아버지, 할머니 손을 잡고 걷고 있는 유치원 동생들을 볼 때면 저는 외할아버지 생각이 나요.

유치원 때 차에서 내리면 항상 외할아버지가 웃으면서 저를 기다리고 계셨던 그 얼굴이 아직도 머릿속에 생생하게 떠올라요.

내가 먹고 싶은 거 말하면 다 사다 주시고 항상 안아주셨던 그 인자함을 잊을 수가 없어요.

그때 노란 병아리 한 마리를 데려와 함께 관찰하고 '삐약이'라는 이름도 지어주고 같이 잘 보살펴 어른 닭까지 키웠던 그 추억이 생각나요.

초등학교 다닐 때 주머니에서 구겨진 2천 원을 주시며 제가 미안해서 못 받는다고 하면 할아버지가 괜찮다며 제 손에 쥐어 주셨던 그 추억들이 지금 생각하면 너무 감사해요.

어느 날 갑자기 학교 끝나고 오니까 외할아버지가 안

계셔서 저는 '며칠 뒤면 오시겠지?'라고 생각했는데 1년이 지나서야 아빠랑 엄마가 헤어져서 외할아버지를 못 만난다는 걸 알게 되고 진짜 많이 울었어요.

지금 이 편지를 쓰면서도 외할아버지의 웃는 얼굴이 떠올라서 눈물이 나요.

그리고 엄마랑 함께 갔었던 베트남 외할아버지 댁에서 제가 맛있게 먹었던 쌀국수와 오토바이에 태워 동네 구경을 시켜 주시던 외할아버지의 따뜻한 마음을 잊을 수가 없어요.

외할아버지!

저에게 좋은 추억들 많이 만들어 주셔서 정말 감사해요. 그때 외할아버지가 알려주셨던 베트남어가 이제 몇 개 떠오르진 않지만 제가 어른이 돼서 꼭 베트남어를 배워 외할아버지댁에 놀러 갈게요.

아직도 외할아버지댁에 가는 그 길과 그 냄새 그 풍경이 그대로 기억나요. 꼭 잊지 않을게요!

제가 다시 찾아뵙는 그날까지 건강하셔야 해요~

외할아버지를 사랑하는 손녀딸 올림

OO중학교 1학년 박*윤

나의 특별한 언니

특별한 우리 언니!

세상에서 제일 맑은 미소를 가진 우리 언니!

나한테 언니는 세상에서 하나밖에 없는 든든하고 가장 마음 따뜻한 사람이야.

언니 기억나? 내가 6살 때 언니랑 엄마랑 집에 있는데 언니가 갑자기 사라진 적이 있었어.

그때 엄마랑 내가 언니를 찾으려고 여기저기 안 찾아 본 곳 없이 뛰어다녔어. 나는 그때 언니를 찾으러 다니면서 진짜 언니가 정말 사라질까 봐 두렵고 무서워서 심장이 쿵쾅쿵쾅 뛰었어.

정말 다행히도 마트 구석에서 쪼그려 앉아있는 언니를 봤을 때 눈물이 왈칵 났어. 언니가 먼지를 뒤집어쓴 채 울면서 내 이름을 부르며 달려오는데 나는 그 순간 '무사해서 정말 다행이다'라고 생각을 했었어.

그 후로 내가 언니 옆에 있어 주고 언니를 지켜주고 싶었어. 그래서 친구들이 언니를 놀리면 화가 나서 친구들이랑 싸우기도 했었어.

언니를 괴롭히고 언니를 나쁘게 말하는 사람이 있으면 내가 다 혼내주고 싶고 언니가 상처받지 않게 지켜주고 보호해주고 싶은데 아직 나에게는 그런 힘이 없어서 그런 부분들이 마음이 아프고 속상해.

하지만 삼혜원에 오고 나서부터 언니를 도와주는 많은 동생들과 언니, 오빠들이 있어서 마음이 편하고 든든해. 솔직히 예전에는 언니가 길에서 소리를 지르거나, 어린아이 같은 행동을 할 때 창피할 때도 있었지만 지금은 내가 그런 생각을 했었다는 게 언니한테 너무 미안해! 그리고 그런 생각을 했던 나인데도 언제나 사랑한다고 안아주는 언니의 변함없는 사랑이 고마워!

언니 내가 앞으로도 언니 옆에서 지켜줄 테니 지금처

럼 그 미소로 나를 언제나 반겨주면 좋겠어.

　우리 어른 되어서도 지금처럼 사이좋게 지내자!

　사랑해 우리 쵸리언니!

　　　언니를 세상에서 너무나 사랑하는 둘째 동생이
　　　　　○○초등학교 6학년 최*미

나가며 …

　인간은 누구나 어린 시절을 보냈기 때문에 아이들에 관해 잘 알고 양육을 잘 할 수 있다는 착각에 빠지기 쉽다. 하지만 아이를 잘 키운다는 것은 생각보다 어려운 일이다.

　쉽게 아이들이라고 말하지만 자세히 들여다보면 신생아, 영아, 유아, 아동, 청소년 등으로 변화해 간다. 변화하는 과정마다 중요하지 않은 시기가 없으며 아이들은 안전한 환경에서 사랑을 받고 싶어한다.

　사랑이란 그냥 아이를 예뻐하거나 일방적으로 주는 것이 아니다. 예뻐하는 마음, 사랑을 아이들이 느낄 때 비로소 사랑이 이루어진다.

아이들은 모를 것 같아도 다 안다. 누가 나를 예뻐하고 사랑하는지, 누가 나를 싫어하는지를. 그렇기에 따뜻한 가정이 무엇보다 중요하고 아동 양육의 일차적인 책임은 가정에 있다.

그러나 따뜻한 가정을 이루지 못하거나 아동 양육을 어떻게 해야 할지 모르는 사람들도 있을 수 있다. 어떠한 이유로든 가정이 파괴되고 무너지는 상황은 발생할 수 있고 그 상황의 최대 피해자는 아이들이다.

우리나라는 매년 약 4,000명에 이르는 아이들이 가정에서 버림받거나 학대에 시달리고 있다. 그 아이들에게 포근한 잠자리와 따뜻하고 맛있는 밥을 제공하고 시기에 맞는 학교생활을 할 수 있게 돕는 것은 물론 얼룩진 상처를 토닥여주는 기관이 당연히 필요하다.

현재 우리나라에는 260여 곳의 아동양육시설에 11,000명의 아이들과 7,500여 명의 사회복지사들이 함께 생활하고 있다.

  최근 정부 정책은 아동양육시설을 더 지원하기보다 입
양이라는 제도에 더 많은 비중을 두고 있다. 18세면 부
모로부터 완전 독립을 하는 것이 자연스러운 미국이나
유럽과 달리 유교 문화권의 우리나라에서 입양이라는
제도가 아동발달에 적합한지는 깊이 생각해보고 따져
봐야 할 문제다.
  전국의 아동양육시설들에 학대에 노출된 아이들과 장
애아동의 비율이 점점 높아지는 현대에 더 전문적이고
체계적으로 아동들을 양육할 수 있는 시스템을 만들려
면 지금보다 더 많은 전문인력이 필요하다.

  「어쩌다 가족이 되어」는 사회복지법인 동행에서 사회
복지 현장을 생생하게 담아 발간하는 네 번째 책이며 법
인 설립 60주년을 기념하기 위해 정성을 들여 만든 책
이다.

원고에 참여해주신 삼혜원 아이들과 직원들에게 감사
드리며 사회복지 현장에서 열심히 구슬땀을 흘리며 일
하는 전국의 사회복지사들에게 조금이라도 힘이 되기를
바라는 마음이다.

어쩌다 가족이 되어

2023년 9월 9일 초판 1쇄 발행
2023년 9월 19일 초판 2쇄 발행

지은이·김홍용 전지현
펴낸이·김홍용
편집·김도요
삽화·심희영 @renapencil
펴낸곳·사회복지법인 동행
주소·여수시 소라면 화양로 1953
전화 ·061-818-1953
팩스·070-8260-9095
이메일·together6363@daum.net
홈페이지·http://together63.kr
출판등록·2020년 6월 10일 (제 2020-3호)

ⓒ김홍용 2023
ISBN 979-11-971051-8-0